KÖNIGS ERLÄUTERUNGEN

Band 498

Textanalyse und Interpretation zu

John Green

# DAS SCHICKSAL IST EIN MIESER VERRÄTER

Thomas Möbius

Alle erforderlichen Infos für Abitur, Matura, Klausur und Referat plus Musteraufgaben mit Lösungsansätzen

Bange Verlag

**Zitierte Ausgabe:**
Green, John: *Das Schicksal ist ein mieser Verräter*. Aus dem Englischen von Sophie Zeitz. München: Deutscher Taschenbuch Verlag, 2014.

**Über den Autor dieser Erläuterung:**
Prof. Dr. phil. habil. Thomas Möbius, Studium Germanistik / ev. Theologie / Philosophie, Studienrat an einem Gymnasium in Mannheim und an der German European School in Singapur, Akademischer Oberrat an der Pädagogischen Hochschule Heidelberg, nach Professuren in Freiburg, Osnabrück, Greifswald und Aachen Professor für Germanistische Literaturdidaktik an der Justus-Liebig-Universität Gießen.

*Für Philipp*



2. Auflage 2015

**ISBN 978-3-8044-2019-9**
PDF: 978-3-8044-6019-5, EPUB: 978-3-8044-7019-4

Titelabbildung: Mädchen mit Sauerstoffschlauch © Fotolia – sudok1
Druck und Weiterverarbeitung: Tiskárna Akcent, Vimperk

# 1. DAS WICHTIGSTE AUF EINEN BLICK – SCHNELLÜBERSICHT

Damit sich jede Leserin und jeder Leser in unserem Band rasch zurechtfindet und das für sie oder ihn Interessante gleich entdeckt, hier eine Übersicht:

Im zweiten Kapitel beschreiben wir das **Leben John Greens** und stellen den **zeitgeschichtlichen Hintergrund** dar:

⇨ S. 12

→ John Green wurde am 24. 8. 1977 in Indianapolis/USA geboren. Er studierte Theologie, wollte Pfarrer werden und arbeitete nach dem Studium auch eine Zeit lang als Seelsorger in einem Kinderkrankenhaus. Seinen ersten Jugendroman *Looking for Alaska* (dt. *Eine wie Alaska*) veröffentlichte er 2005. Der 2012 publizierte Roman *The Fault in Our Stars* (dt. *Das Schicksal ist ein mieser Verräter*) wurde zu einem Bestseller.

⇨ S. 14 ff.

→ Der Roman spielt in der Gegenwart; allerdings finden sich kaum Anspielungen auf historische oder politische Ereignisse. Die beschriebene Nutzung digitaler Medien entspricht dem Nutzungsverhalten der heutigen Jugendlichen; soziale Netzwerke, Computerspiele, E-Mail und SMS gehören zum selbstverständlichen digitalen Instrumentarium in der Lebenswirklichkeit der Protagonisten.

→ *Das Schicksal ist ein mieser Verräter* zählt zur realistischen Kinder- und Jugendliteratur und hier insbesondere zum Genre der Adoleszenzliteratur, es weist motivgeschichtliche Parallelen zu anderen jugendliterarischen Werken desselben Genres auf.

Im dritten Kapitel bieten wir eine Textanalyse und eine Interpretation.

**Entstehung und Quellen:**

In einem Interview erzählt John Green, dass er sich über zehn Jahre lang mit dem Stoff beschäftigt hat und dass er von Menschen zum Schreiben angeregt wurde, die bereits verstorben sind. ⇨ S. 20 ff.

**Inhalt:**

Die 16-jährige Hazel Grace Lancaster aus Indianapolis/Indiana leidet an Schilddrüsenkrebs. In einer Selbsthilfegruppe begegnet ihr der 17-jährige Augustus Waters, beide verlieben sich ineinander. Sie teilt mit ihm ihr Lieblingsbuch *Ein herrschaftliches Leiden* von Peter Van Houten, doch der Besuch der beiden beim Autor in Amsterdam wird zu einer enttäuschenden Erfahrung. Schon vor ihrer Abreise nach Europa erhält Augustus die Diagnose, dass sein Krebs im ganzen Körper Metastasen gebildet hat. Nach ihrer Rückkehr in die USA beginnt sein mehrmonatiger Todeskampf, der beide Teenager noch enger verbindet. Nach seinem Tod empfindet Hazel einen tiefen Schmerz. Auf der Beerdigung taucht unerwartet Peter Van Houten auf, der ihr ein paar Tage danach anvertraut, dass seine eigene Tochter ebenfalls an einer Krebserkrankung litt und verstorben ist. Am Ende des Romans findet Hazel heraus, dass Augustus seine Grabrede für ihre Beerdigung an Peter Van Houten geschickt hat, um sie von ihm verbessern zu lassen. In dieser Rede wird nochmals die tiefe Zuneigung deutlich, die beide miteinander verbindet. Der Roman endet offen – wie *Ein herrschaftliches Leiden* – es steht zu erwarten, dass auch die Ich-Erzählerin irgendwann den Kampf gegen die Krankheit verlieren wird, da der Krankheitsverlauf durch die Medikation nur hinausgezögert werden kann. ⇨ S. 26 ff.

## Chronologie und Schauplätze:

➪ S. 51 ff.

Handlungsorte sind Indianapolis im amerikanischen Bundesstaat Indiana sowie Amsterdam in den Niederlanden. Handlungszeit ist die Gegenwart. Die erzählte Zeit umfasst ungefähr den Zeitraum vom Frühling bis zum Sommer, das erste konkrete Datum ist der 29. 3., ein Donnerstag (wahrscheinlich des Jahres 2012, vgl. S. 47), die Reise nach Amsterdam findet vom 6.–10. Mai statt, Tod und Beerdigung von Augustus lassen sich auf den Juli desselben Jahres datieren. Rückrechnend kann man den genauen Todeszeitpunkt von ihm auf den 2. Juli festlegen, da die Romanhandlung am Samstag, 14. Juli, 12 Tage nach seinem Tod (vgl. Kap. 25) endet.

## Personen:

Die Hauptfiguren sind:

➪ S. 60 ff.

**Hazel Grace Lancaster:**

- → 16-jähriges Mädchen, leidet an metastasiertem Schilddrüsenkrebs
- → geht seit drei Jahren nicht mehr zur Schule und hat daher kaum Freunde
- → ist auf einen Sauerstoffapparat angewiesen, den sie immer mit sich herumträgt
- → verliebt sich in Augustus, den sie in der Selbsthilfegruppe kennenlernt
- → besucht zusammen mit ihm den Autor ihres Lieblingsbuches in Amsterdam
- → ist intelligent und desillusioniert-pragmatisch im Hinblick auf die Krebserkrankung

**Augustus Waters:** ➪ S. 65 ff.

→ 17-jähriger Junge, leidet an Knochenkrebs, der während der Erzählhandlung metastasiert und schließlich sein Leben kostet
→ optimistisch, intelligent, mit Hang zu ironisch-sarkastischen Kommentaren
→ verliebt sich in Hazel
→ stellt den Kontakt zu Peter Van Houten her und reist mit Hazel zu ihm

Weitere Figuren sind:

**Isaac:** ➪ S. 68 f.

→ Freund von Augustus und Hazel, die er in der Selbsthilfegruppe kennenlernt
→ wird von seiner Freundin Monica kurz vor seiner Augen-OP, die ihn blind macht, verlassen
→ hält eine Grabrede bei der Beerdigung von Augustus

**Peter Van Houten:** ➪ S. 69 ff.

→ Autor des Buches *Ein herrschaftliches Leiden*, das Hazels Lieblingsbuch ist
→ verliert seine achtjährige Tochter infolge einer Leukämie-Erkrankung
→ verbittert daraufhin, wird Alkoholiker und soziophob
→ weist die beiden Teenager rüde zurück, kommt aber zu Augustus' Beerdigung und zeigt eine gewisse Bereitschaft, sein Verhalten zu ändern

**Mr. und Mrs. Lancaster:** ➪ S. 71 f.

→ die Mutter von Hazel hat ihr Leben der Betreuung ihrer Tochter gewidmet, begleitet die beiden Teenager nach Amsterdam

→ sie beginnt heimlich eine Ausbildung als Sozialarbeiterin, was am Ende des Romans herauskommt
→ der Vater ist sehr besorgt um seine Tochter, weint immer wieder, wenn er an ihre Erkrankung und die möglichen Folgen denkt

⇨ S. 72

**Mr. und Mrs. Waters:**
→ die Eltern von Augustus sind optimistisch und voller Gottvertrauen
→ sie betonen den starken familiären Zusammenhalt

⇨ S. 72

**Patrick:**
→ der Leiter der Selbsthilfegruppe hatte ebenfalls Krebs und dabei seine Hoden verloren
→ er leitet die Gruppe mit Empathie und Humor

⇨ S. 73

**Lidewij Vliegenthart:**
→ ist die persönliche Assistentin von Peter Van Houten
→ lädt die beiden Teenager nach Amsterdam ein
→ entschuldigt sich für das Verhalten des Schriftstellers und kündigt schließlich die Stellung bei ihm

⇨ S. 73

**Kaitlyn:**
→ eine der wenigen Schulfreundinnen, die Hazel geblieben sind
→ ist oberflächlich, aber warmherzig, optimistisch und besorgt

⇨ S. 73 f.

**Caroline Mathers:**
→ die Exfreundin von Augustus stirbt an einem Gehirntumor
→ Augustus lernt sie im Krankenhaus kennen
→ mit der zunehmenden Ausbreitung des Tumors wird ihr Verhalten gegenüber Augustus immer rüder

**Dr. Maria:** ⇨ S. 74

→ die Ärztin von Hazel, die ihr schon mehrfach das Leben gerettet hat

→ unterstützt Hazels Plan, nach Amsterdam zu reisen

## Stil und Sprache:

Der ursprünglich in Englisch verfasste Roman ist in seiner deutschen Übersetzung der alltäglichen Standardsprache nachempfunden, gelegentlich finden sich umgangssprachliche Wendungen, vorzugsweise in den Dialogpartien. Darüber hinaus findet sich in besonders nahegehenden Stellen das erzählerische Mittel des Bewusstseinsstroms, einmontiert sind lyrische Texte, Schaubilder und Skizzen. Das Vokabular stammt zum Teil aus der medizinischen Fachsprache. ⇨ S. 82 ff.

## Interpretationsansätze:

Zwei sich ergänzende Interpretationsansätze bieten sich an: ⇨ S. 90 ff.

*Das Schicksal ist ein mieser Verräter* ist

→ ein Werk, das formal-gattungsmäßig als **Adoleszenzroman** begriffen werden kann, da es die für das Genre typischen Motive wie die Auseinandersetzung mit familiären und gesellschaftlichen Wertvorstellungen, aber auch mit der eigenen Identität enthält.

→ ein Werk, das sich als **psychologisches Kinder- und Jugendbuch** des Genres „Kinder mit Krebs" („SickLit") klassifizieren lässt. Es weist einen deutlichen Schwerpunkt auf dem Thema des Umgangs mit dem durch den Krebs bestimmten Tod auf; die Fragen nach dem Sinn des Lebens, dem Umgang mit eigenem und fremdem Leid und der eigenen Bedeutung für andere Menschen (Freundschaft, Liebe) stehen im Mittelpunkt.

John Green (* 1977) © ullstein bild – Caro / Paulus Ponizak

# 2. JOHN GREEN: LEBEN UND WERK

## 2.1 Biografie

| JAHR | ORT | EREIGNIS | ALTER |
|---|---|---|---|
| **1977** | Indianapolis/USA | Geburt am 24. August in Indianapolis (Indiana), Green wächst in Orlando (Florida) auf | |
| | Birmingham/USA | Besuch der Indian Springs School in Birmingham (Alabama) | |
| | Gambier/USA | Studium der Theologie am privaten Kenyon College in Gambier (Ohio), das 1824 gegründet wurde und zu den renommiertesten Colleges der USA zählt | |
| **2005** | USA | Romandebüt mit *Looking for Alaska*) | 28 |
| **2006** | USA | *An Abundance of Katherines* | 29 |
| **2007** | USA | Start des Videoblogs *Brotherhood 2.0* auf YouTube | 30 |
| **2008** | USA | *Paper Towns* | 31 |
| **2012** | USA<br>Deutschland | **Erscheinen von *The Fault in Our Stars***<br>**Erscheinen der Übersetzung unter dem Titel *Das Schicksal ist ein mieser Verräter*** | 35 |
| **2013** | Deutschland | Deutscher Jugendliteraturpreis (Kategorie Preis der Jugendjury) für *Das Schicksal ist ein mieser Verräter* | 36 |
| **2014** | USA | Filmversion von *The Fault in Our Stars* | 37 |
| **2014** | Indianapolis/USA | Green lebt mit seiner Frau und seinen beiden Kindern in Indianapolis | 37 |

John Michael Green wurde am 24. August 1977 in Indianapolis/USA geboren, kurze Zeit nach seiner Geburt zogen seine Eltern nach Florida. Green absolvierte seine Schulausbildung in Florida und in Alabama. Nach dem Schulabschluss wollte er zunächst Priester werden und studierte Theologie an dem renommierten Kenyon College in Gambier/Ohio. Nachdem er in einem Krankenhaus mit Kindern gearbeitet hatte, gab er seinen ursprünglichen Berufswunsch auf und begann Kinder- und Jugendbücher zu schreiben. Bereits sein erster Roman *Looking for Alaska*, der im Jahre 2005 erschien, war ein großer Erfolg. Danach publizierte er noch vier weitere Romane, bis er 2012 mit *The Fault in Our Stars* einen regelrechten Bestseller landen konnte, der sich allein im ersten Jahr über eine Million Mal verkaufte. Green lebt mit seiner Frau und seinen beiden Kindern in Indianapolis.

## 2.2 Zeitgeschichtlicher Hintergrund

ZUSAMMENFASSUNG

In diesem Kapitel wird der zeitgeschichtliche Hintergrund von John Green dargestellt, zum zeitgeschichtlichen Hintergrund der Romanhandlung siehe Kapitel 3.1 dieses Bandes. John Green wurde 1977 in den USA geboren; wichtig für den Zeitraum von den 1980er Jahren bis heute sind:

- → Reagan-Administration mit innenpolitischen Auseinandersetzungen und wirtschaftspolitischer Neuorientierung („Reaganomics“)
- → George-Bush- und Clinton-Administration in den 1990er Jahren mit markanten außenpolitischen Akzentsetzungen (Wiedervereinigung Deutschlands, Ende des Kalten Krieges, erster Golf-Krieg)
- → nach den Terror-Anschlägen im Jahre 2001 ist die Politik der George-W.-Bush-Präsidentschaft auf den Kampf gegen den Terror gerichtet (Einmarsch im Irak und in Afghanistan, Verstärkung der Überwachung innerhalb und außerhalb der USA)
- → die Obama-Administration realisiert den Rückzug aus dem Irak und Afghanistan, sieht sich aber konfrontiert mit neuen Herausforderungen im Nahen Osten (Islamismus, Israel-Palästinenser-Problem)

Carter-Administration

John Green wurde zu Beginn der Amtszeit des 39. Präsidenten der USA, des Demokraten Jimmy Carter, geboren. Carters Außenpolitik war geprägt durch den Versuch, eine Entspannung zwischen den Blöcken herbeizuführen; dazu dienten ihm Abrüstungsabkommen mit der Sowjetunion, aber auch die Aufnahme diplomatischer

Beziehungen zum kommunistischen China. Der Nahe Osten (Iran, Afghanistan, Israel) kristallisierte sich unter seiner Präsidentschaft als zunehmend konfliktträchtige Region heraus, für die sich Carter verantwortlich fühlte („Carter-Doktrin"). Innenpolitisch musste sich Carter mit wirtschaftspolitischen Problemen beschäftigen, die noch als Folge der Ölkrise 1973 anzusehen sind und die v. a. die Schwerindustrie betraf (u. a. auch in Indiana, dem Bundesstaat, in dem Green geboren wurde).

Reagan-Administration

Da die Mehrheit der Amerikaner ihm die Lösung der Probleme nicht zutraute, wurde 1981 der republikanische Gegenkandidat Ronald Reagan zum 40. Präsidenten der USA gewählt. Reagan befürwortete eine liberale Wirtschaftspolitik, die er mit einem strikten Sparkurs bei allen öffentlichen Ausgaben verband. Außenpolitisch setzte er auf der einen Seite die Abrüstungsverhandlungen mit der Sowjetunion fort, gleichzeitig forcierte er aber auch die Aufrüstung der Streitkräfte. Unter seinem Nachfolger, George Bush (1989–1993), wurde der Kalte Krieg als Spätfolge des Zweiten Weltkrieges beendet, Bush unterstützte die deutsche Wiedervereinigung. In Afrika (Somalia) und im Nahen Osten (Überfall des Irak auf Kuwait) entstanden neue Konfliktherde, in die Amerika eingriff.

George-Bush-Administration

Clinton-Administration

Einen nachhaltigen Wirtschaftsaufschwung erlebten die USA aber erst unter dem Nachfolger Bushs, unter dem Demokraten Bill Clinton (1993–2001). Außenpolitisch „erbte" Clinton die Konfliktherde von seinem Vorgänger, Anschläge auf amerikanische Einrichtungen in Afrika (Kenia, Jemen), und die Konflikte im Sudan und in Afghanistan wurden zunehmend mit dem Terrornetzwerk Al-Qaida in Verbindung gebracht. In Europa engagierten sich die USA im Rahmen von NATO-Einsätzen in den Staaten des ehemaligen Jugoslawiens (Balkan-Kriege in den 1990er Jahren).

George-W.-Bush-Administration

Die Jahre nach der Jahrtausendwende waren in den USA in erster Linie geprägt durch die Terroranschläge vom 11. 9. 2001 auf das World Trade Center in New York. Clintons Nachfolger, der Republikaner George W. Bush (2001–2009), stockte den Rüstungsetat erheblich auf und schickte amerikanische Truppen in den weltweiten Krieg gegen den Terrorismus. Zunächst wurde Afghanistan besetzt, da man dort ein Rückzugsgebiet islamistischer Terrorgruppen vermutete; dann wurde der irakische Diktator Saddam Hussein gestürzt. Die Besetzung beider Länder war eine enorm kostspielige Angelegenheit, die innenpolitisch einer immer heftigeren Kritik ausgesetzt war.

Obama-Administration

Dies mag mit ein Grund dafür gewesen sein, dass bei der Präsidentschaftswahl im Jahre 2009 der Demokrat Barack Obama, der zugesagt hatte, die amerikanischen Truppen abzuziehen, zum 44. Präsidenten gewählt wurde. Innenpolitisch setzte er Schwerpunkte auf die Umwelt- und Sozialpolitik, insbesondere das Problem der Krankenversicherung wollte er in den Griff bekommen. Außenpolitisch zeigt sich allerdings während seiner Amtszeit, dass die Konfliktherde im Nahen Osten durch erstarkende islamistische Terrorgruppen nach wie vor aktuell waren und das Engagement der USA nötig machten.

Die Romanhandlung selbst nimmt keinerlei Bezug auf die historisch-politische Situation; im Hinblick auf die innenpolitische Auseinandersetzung um eine Gesundheitsreform, die vor allem während der Obama-Administration ausgetragen wurde, nimmt es Wunder, dass Green das Thema „Krebs" nicht zu einer politischen Aussage nutzt.

## 2.3 Angaben und Erläuterungen zu wesentlichen Werken

### Werkübersicht

| | |
|---|---|
| **2005** | *Looking for Alaska* (dt. *Eine wie Alaska*, 2007) |
| **2006** | *An Abundance of Katherines* (dt. *Die erste Liebe [nach 19 vergeblichen Versuchen]*, 2008) |
| **2008** | *Let It Snow: Three Holiday Romances* (dt. *Tage wie diese*, 2010), zusammen mit Maureen Johnson, Lauren Myracle |
| **2008** | *Paper Towns* (dt. *Margos Spuren*, 2010) |
| **2010** | *Will Grayson, Will Grayson* (dt. *Will & Will*, 2012), zusammen mit David Levithan |
| **2012** | *The Fault in Our Stars* (dt. *Das Schicksal ist ein mieser Verräter*, 2012) |

### Preise und Auszeichnungen

| | |
|---|---|
| **2006** | Finalist des Los Angeles Times Book Prize für *An Abundance of Katherines*<br>ALA Best Books for Young Adults und Michael L. Printz Award für *Looking for Alaska* |
| **2007** | Bestenliste „Die besten 7 Bücher für junge Leser“ sowie *Luchs des Monats* (März) für *Looking for Alaska* |
| **2008** | Buch des Monats August des Instituts für Jugendliteratur für *An Abundance of Katherines*<br>Nominierung für den Deutschen Jugendliteraturpreis für *Looking for Alaska* |
| **2010** | Bestenliste „Die besten 7 Bücher für junge Leser“ sowie *Corine* für *Paper Towns* |
| **2011** | Nominierung für den Deutschen Jugendliteraturpreis für *Paper Towns* |
| **2013** | Deutscher Jugendliteraturpreis (Kategorie Preis der Jugendjury) für *Das Schicksal ist ein mieser Verräter* |

## Erläuterungen zu einzelnen Werken

| | |
|---|---|
| **2005** | ***Looking for Alaska*** (dt. *Eine wie Alaska*)<br>Der 16-jährige Miles Halter wechselt im neuen Schuljahr auf ein Internat und lernt dort Alaska Young kennen, in die er sich verliebt. Im Laufe des Schuljahres kommen sie sich immer näher, nach dem ersten Kuss setzt sich Alaska betrunken in ein Auto und verunglückt tödlich. Miles versucht zusammen mit seinem Mitschüler Chip Martin herauszufinden, was die Ursache für den Unfall war. Schließlich entdecken sie, dass Alaska den Todestag ihrer Mutter vergessen hat und deswegen in der Nacht noch völlig aufgewühlt und betrunken in das Auto gestiegen ist, um Blumen an ihr Grab zu bringen. Sie vermuten, dass auch eine suizidale Absicht hinter dem Unfall stehen könnte. Die Suche nach der möglichen Ursache macht Miles und Chip nachhaltig deutlich, welche Bedeutung das Mädchen für sie hat. |
| **2006** | ***An Abundance of Katherines*** (dt. *Die erste Liebe [nach 19 vergeblichen Versuchen]*)<br>Colin Singleton ist hochbegabt, gleichzeitig ist er aber auch ein Außenseiter, der außer Hassan keine Freunde hat. Am Tag seines Schulabschlusses wird er von seiner Freundin verlassen, die – wie die 18 Freundinnen zuvor – den Namen Katherine trägt. Colin ist es gewohnt, sich der Realität auf mathematisch-naturwissenschaftliche Weise zu nähern und so verbindet er seine Enttäuschung über die beendete Beziehung mit dem Versuch, eine mathematische Formel für die Berechnung der Dauer von Beziehungen zu finden. Sein Freund Hassan überzeugt ihn, eine Reise zu machen, die sie nach Tennessee, in das Dorf Gutshot führt. Dort lernt Colin das Mädchen Lindsey Wells kennen, dessen Mutter ihm und Hassan einen Job anbietet, bei dem sie die Mitarbeiter der örtlichen Textilfabrik interviewen sollen. Mit Lindsey lernt Colin ein Mädchen kennen, das ihm klar macht, dass er Liebe nicht mit mathematischen Formeln beherrschen kann. |

**2008** ***Let It Snow: Three Holiday Romances*** (dt. *Tage wie diese*)
Das Buch besteht aus drei Geschichten, die von John Green, Maureen Johnson und Lauren Myracle verfasst wurden. In allen Geschichten geht es darum, dass die Protagonisten mit der Liebe etwas Aufregendes und Unerwartetes erleben. Auch wenn es sich um getrennte Geschichten handelt, so weisen sie doch zahlreiche Verbindungen auf. In der ersten Erzählung, *Der Jubilee-Express* von Maureen Johnson, geht es um das Mädchen Jubilee, das an Weihnachten mit dem Zug zu den Großeltern fahren muss; nach einer Panne lernt es an einem Waffelhaus den Jungen Stuart kennen. Die zweite Geschichte *Ein cheer unglaubliches Weihnachtswunder* erzählt John Green aus der Perspektive des Jungen Tobin, der sich mit seinen Freunden, dem Jungen JP und dem Mädchen „Herzog" auf den Weg zum Waffelhaus macht; Tobin entdeckt, dass er seine langjährige Freundin „Herzog" nicht mehr nur als Kumpel, sondern als Frau sieht, und er verliebt sich in sie. Lauren Myracle erzählt in *Der Schutzheilige der Schweine* die Geschichte des Mädchens Abbie, das, von seinem Freund verlassen, lernen muss, mehr auf die Bedürfnisse anderer Menschen zu achten.

**2008** ***Paper Towns*** (dt. *Margos Spuren*)
Quentin Jacobsen und Margo Roth kennen sich bereits als Kinder, als Neunjährige entdecken sie eine Leiche, was ihre gemeinsame Erinnerung nachhaltig prägt. Neun Jahre nach diesem Ereignis holt Margo Quentin eines Abends ab, um mit ihm einen abenteuerlichen Streifzug durch die Stadt zu erleben. Sinn des Streifzuges ist die Rache Margos an allen denjenigen, die sie enttäuscht haben. Am nächsten Tag kommt Margo nicht in die Schule, sie ist verschwunden. Quentin begibt sich zusammen mit seinen Freunden auf die Suche nach ihr, die sie nach New York und am Ende zu Margo führt.

**2010** ***Will Grayson, Will Grayson*** (dt. *Will & Will*)
John Green hat dieses Buch zusammen mit David Levithan geschrieben. Es geht um zwei Jungen, die beide Will Grayson heißen, charakterlich aber grundverschieden sind. Beide sehnen sich nach einer intensiven Freundschaft – dieses Thema wird in zahlreichen Variationen und auch in homo- und heterosexueller Perspektive am Beispiel der Freunde der beiden Wills behandelt.

# 3. TEXTANALYSE UND -INTERPRETATION

## 3.1 Entstehung und Quellen

ZUSAMMEN-FASSUNG

John Green erzählt in mehreren Interviews, dass er sich mit dem Thema „Krebs“ schon seit vielen Jahren beschäftigt hat. Vor allem die Lektüre von *The Emperor of All Maladies* (2010), eine Biografie über Krebs von Siddhartha Mukherjee hat ihn sehr beeindruckt und ihm gleichzeitig eine Fülle von Material bereitgestellt. Den Entschluss, einen Jugendroman schreiben zu wollen, begründet er mit der Unzufriedenheit mit den vorliegenden Werken der sogenannten „SickLit“, also der Literatur, in der es um die Erkrankung von Jugendlichen geht. Er will keine kitschige, sondern eine ironisch-sarkastische Auseinandersetzung mit dem Thema literarisch gestalten.

**Entstehung**

10 Jahre Entstehungszeit

John Green schrieb mehr als zehn Jahre an dem Roman, Thema und biografische Verknüpfung bewirken, dass der Text offenbar eine große persönliche Bedeutung für ihn hat. Dazu äußert sich Green in einem 2012 geführten Interview:

> „*Das Schicksal ist ein mieser Verräter* (*The Fault in Our Stars*) ist mir wohl am nächsten, weil ich eine lange Zeit – mehr als 10 Jahre – daran geschrieben habe. Auch wurde ich durch Freunde dazu inspiriert, die mittlerweile gestorben sind. Mein erstes Buch *Eine wie Alaska* war auch sehr persönlich – aber ich habe es vor langer Zeit geschrieben, weshalb es sich nicht ganz so aufregend

anfühlt." (Vgl. dazu Auszüge aus dem Interview in Kap. 5.2 im Materialienteil dieses Bandes.)

In einem Interview mit Christian Staas in der Wochenzeitung DIE ZEIT gibt Green über seine Schreibmotivation Auskunft:

Ein anderes Krebsbuch

> „Ich habe junge Menschen an Krebs sterben sehen. Was ich mit ihnen erlebt habe, liest man nie in typischen Krebsbüchern. Die meisten sind kitschig und sentimental. Deshalb beschloss ich, ein anderes Buch zu diesem Thema zu schreiben. Das war vor zwölf Jahren."[1]

**Das Thema „Krebs"**

Das „SickLit"-Genre und einige Vertreter: emotionale Einfühlung

John Green hält die Auseinandersetzung mit dem Thema „Krebs", wie er sie in bisherigen Jugendbüchern vorgefunden hat, für nicht angemessen; sie entspricht nicht seiner eigenen Erfahrung aus dem Umgang mit betroffenen Jugendlichen. Green meint Bücher, die zu der zuweilen als „SickLit" bezeichneten Literatur gehören. Dazu zählen Texte wie Jenny Downhams *Bevor ich sterbe* (2007), in dem sich die an Leukämie erkrankte Tessa vornimmt, vor ihrem Tod noch aufregende Dinge zu tun; sie verliebt sich in den Nachbarjungen und erfährt in der ihr verbleibenden Zeit tiefes Glück. Auch Gerda van Erkels *Der salzige Kuss* (2007) ist eine Liebesgeschichte zwischen Teenagern, die mit dem Tod der an Mukoviszidose leidenden Nienke endet. *Fänger, gefangen* (2010) von Sarah Collins Honenberger erzählt die (wahre) Geschichte des an Leukämie erkrankten 15-jährigen Daniel Landan, dem seine Eltern eine schulmedizinische Therapie versagen. Das Kennzeichen des „SickLit"-Genres, von dem sich Green distanzieren will, ist die völlig unironische Schil-

1 Staas 2012

derung von Krankheit und Tod eines Protagonisten zusammen mit der Auseinandersetzung um die Frage nach dem wahren Lebenssinn. Es handelt sich dabei um Adoleszenzromane, die der sach- und problemorientierten Kinder- und Jugendliteratur zuzurechnen sind, die in den 1970er Jahren aufkam und in der sich Kinder und Jugendliche mit existenziellen Problemen auf ernsthafte Weise auseinandersetzen mussten.

Greens Distanzierung: ironisch-sarkastischer Umgang mit Krankheit

Green erhebt den Anspruch, sich mit seinem Roman von dieser auf emotionale Einfühlung hin ausgerichteten Literatur abzuheben. Wichtige Mittel, um eine Distanz zu dem thematisierten Leid herzustellen, sind Sarkasmus und die Ironie, mit denen die Protagonisten sich selbst, ihre Krankheit, aber auch ihre Umgebung betrachten. Dass allerdings auch ein ironisch-sarkastischer Umgang mit Krankheit in anderen Kinder- und Jugendbüchern zu finden ist, beweisen Texte wie *Wie man unsterblich wird* (2008) von Sally Nicholls, Libba Brays *Ohne Ende Leben* (2009) oder *Die Unwahrscheinlichkeit von Liebe* (2013) von A. J. Betts.

Das Thema „Krebs“ ist hochaktuell. In dem Buch *Der König aller Krankheiten. Krebs – eine Biografie* von Siddhartha Mukherjee wird berichtet, dass im Jahre 2010 in den USA jede dritte Frau und jeder zweite Mann an Krebs erkrankten und dass ein Viertel aller Todesfälle auf Krebs zurückzuführen sei.[2]

### Biografische und aktuelle Bezüge

Aktueller medizinischer Forschungsstand

*Das Schicksal ist ein mieser Verräter* spielt in der Gegenwart, Ort der Handlung ist überwiegend Indianapolis/USA, der Ort also, in dem der Autor mit seiner Familie lebt. Politische oder historische Bezüge finden sich nicht, im Vordergrund des Erzählerinteresses steht, dem Thema des Romans entsprechend, die Auseinandersetzung mit der

---

2 Mukherjee 2012, S. 11

Krankheit Krebs. Der aktuelle medizinische Forschungsstand im Hinblick auf die Behandlung der Krankheit ist präsent, mit dem fiktiven Medikament „Phalanxifor" rekurriert Green auf die chemotherapeutische Behandlung der Krankheit, daneben werden auch Operation und Radiotherapie als Mittel der Wahl beschrieben. Das von Hazel benutzte BiPAP-Gerät ist seit dem Beginn der 1990er Jahre in der Medizin im Einsatz. Die Protagonisten bedienen sich der zeitgenössischen Kommunikationsmittel wie E-Mail oder SMS, auch die Unterhaltungsangebote spiegeln den zeitgenössischen Markt wider, so läuft im Fernsehen die Sendung *America's Next Top Model*, die seit 2003 ausgestrahlt wird; das im Roman mehrfach erwähnte Computerspiel *Call of Duty 4: Modern Warfare*, das von Augustus und Isaac vorzugsweise gespielt wird und dessen Spielsequenzen von den Figuren verbalisiert bzw. in Dialoge über andere Themen eingebaut werden, wurde 2007 veröffentlicht.

Zeitgenössische Kommunikationsmittel

**Gattung**

Das Buch trägt die paratextuelle Angabe „Roman" lediglich auf dem Cover, nicht auf der Innentitelseite. Literaturwissenschaftlich gesehen handelt es sich um einen Roman; aufgrund seiner Protagonisten, der vermuteten Zielgruppe des Textes und seiner Themen bzw. Motive kann der Roman dem Genre „Adoleszenzliteratur" zugeordnet werden. Green gestaltet die typischen Themen einer *coming-of-age*-Geschichte („Liebe/Sexualität", Auseinandersetzung mit der Gesellschaft/Familie") und verbindet sie mit ihren typischen Motiven wie „Reise" (Amsterdam) und „Auseinandersetzung mit Literatur" (*Ein herrschaftliches Leiden*). Ein weiteres wichtiges Merkmal von Adoleszenzliteratur sind intertextuelle Verweise durch die Literatur, mit der sich die jugendlichen Protagonisten auseinandersetzen, diese intertextuellen Verweise werden unter „Quellen" behandelt.

Adoleszenzroman

## Quellen

Angaben zu seinen Quellen finden sich in den Danksagungen sowie bei den Textnachweisen am Ende des Romans (vgl. S. 334 f.). Als gedruckte medizinische Quellen nennt Green *The Biology of Cancer* (2006) von Robert A. Weinberg und das 2011 mit dem Pulitzer-Preis ausgezeichnete Werk *The Emperor of All Maladies* (2010) von Siddhartha Mukherjee. Darüber hinaus hat er fachkundigen medizinischen Rat eingeholt, wobei er aber betont, dass er die Fachkenntnisse „leichtfertig ignorierte" (S. 334), wenn es ihm passend erschien.

Neben diesen zentralen Quellen weist der Roman **eine Reihe von intertextuellen und intermedialen Bezügen** auf (vgl. auch 3.5 Sachliche und sprachliche Erläuterungen sowie 5. Materialien):

Motto vom fiktiven Autor Peter Van Houten

→ Das Motto ist dem fiktiven Roman *Ein herrschaftliches Leiden* Peter Van Houtens entnommen. Der Titel des Romans ähnelt dem Titel des tatsächlich existierenden Buches von Siddhartha Mukherjee, *The Emperor of All Maladies*, der auf Deutsch *Der König aller Krankheiten* heißt (vgl. S. 7).

Viele Gedichtzitate

→ Die Protagonisten zitieren aber auch reale Literatur, die im jeweiligen situativen Kontext der Romanhandlung eine Bedeutung erlangt: William Carlos Williams' *The Red Wheelbarrow* (*Die rote Schubkarre*), wird in dem Moment zitiert, als Hazel und Augustus an der Tankstelle auf den Notarztwagen warten, von dem so viel abhängt wie von der im Gedicht erwähnten „Schubkarre" und der zunächst an ihnen vorbeifährt, weil er sie nicht bemerkt (vgl. S. 264). Aus dem Gedicht *There's a certain Slant of light* (dt. *Ein gewisses schräges Licht*) von Emily Dickinson stammt das Zitat „An imperial affliction", das als Titel des fiktiven Romans von Peter Van Houten fungiert (vgl.

S. 80). Außerdem verarbeitet Green T. S. Eliots *The Love Song of J. Alfred Prufrock* (dt. *J. Alfred Prufrocks Liebesgesang*, vgl. S. 164 f. u. S. 175), Robert Frosts *Nothing Gold Can Stay* (dt. *Nichts Goldenes hat Bestand*, vgl. S. 296) und Richard Hugos *Degrees Of Gray In Philipsburg* (vgl. S. 80).

Weitere literarische Anspielungen

→ Es finden sich darüber hinaus eine Fülle weiterer literarischer Anspielungen, beispielsweise auf den Roman *Sehr blaue Augen* von Toni Morrison, über den Augustus einen Aufsatz verfasst (vgl. S. 309), auf den *Fänger im Roggen* von Jerome David Salinger und auf *Die Abenteuer des Huckleberry Finn* von Mark Twain (vgl. S. 206). Das Gedicht *Howl* von Allen Ginsberg liest Hazel auf dem Flug nach Europa (vgl. S. 164).

## 3.2 Inhaltsangabe

ZUSAMMEN-FASSUNG

Der Roman *Das Schicksal ist ein mieser Verräter* spielt in der Gegenwart in der amerikanischen Stadt Indiana. Die beiden an Krebs erkrankten Teenager Hazel und Augustus lernen sich in einer Selbsthilfegruppe kennen und verlieben sich ineinander. Ihre Gespräche kreisen immer wieder um das Leben angesichts einer tödlichen Erkrankung, gleichzeitig setzen sie sich ironisch-sarkastisch mit der eigenen Krankheit auseinander. Während der gemeinsamen Reise in die Niederlande, wo sie den von Hazel verehrten Autor ihres Lieblingsbuches aufsuchen und ihn nach dem Weitergang der erzählten Geschichte fragen wollen, kommen sie sich auch körperlich näher. Die Begegnung mit dem Schriftsteller Peter Van Houten verläuft enttäuschend, kurz vor der Rückkehr in die USA erfährt Hazel, dass Augustus' Krebs metastasiert hat. Sie verbringt mit ihm die letzten Wochen seines Lebens.

### Kap. 1 (S. 9–28)
### Hazel und Augustus lernen sich kennen

Einführung der Protagonistin Hazel

Im ersten Kapitel stellt sich die Ich-Erzählerin vor: Hazel Grace Lancaster lebt in Indianapolis/USA, steht kurz vor Vollendung ihres 17. Lebensjahres und leidet an Schilddrüsenkrebs, der bereits in die Lunge metastasiert hat. Die in der Folge ihrer Erkrankung entstehende Depression soll sie nach dem Willen ihrer Mutter in einer christlichen Selbsthilfegruppe in den Griff bekommen, die von Patrick, einem geheilten Krebspatienten, geleitet wird. In einem Rückblick beschreibt sie, wie die Patienten in den Gruppensitzungen auf die ihr stets gleich erscheinende Art und Weise ihre Krankengeschichten erzählen, sodass Hazel sehr schnell kein Interesse mehr hat, die Sitzungen zu besuchen.

In einer Gruppensitzung lernt sie den 17-jährigen Augustus Waters kennen, den sie auf Anhieb „süß“ (S. 16) findet, seine Stimme wirkt auf sie „zum Umfallen sexy“ (S. 18). Augustus teilt diese Zuneigung vom ersten Moment ihrer Begegnung an, was man daran erkennt, dass er sie ständig beobachtet (vgl. S. 16). Ihr Rat, seine Angst vor dem Vergessen zu ignorieren, weil das Vergessen ein natürlicher Prozess ist, beeindruckt ihn: „Was für eine Frau“ (S. 20).

Hazel lernt Augustus kennen

Nach der Gruppensitzung sprechen sie miteinander und er gesteht ihr, dass er sie schön findet (vgl. S. 23).

Am Ende des Kapitels beobachten beide das Liebespaar Isaac und Monica; Isaac weiß, dass er bei der für den kommenden Montag geplanten Augenkrebsoperation sein Augenlicht verlieren wird, er küsst seine Freundin leidenschaftlich am Rande des Parkplatzes.

Als Augustus sich eine Zigarette in den Mund steckt, wird Hazel ärgerlich, woran man bereits eine Zuneigung erkennen kann (vgl. S. 27). Für Augustus, der nicht raucht, ist die Zigarette eine Metapher für den Tod (vgl. S. 28). Am Ende des ersten Kapitels beschließen beide, sich den Film *V wie Vendetta* anzusehen, da Augustus meint, Hazel würde wie Natalie Portman aussehen.

Die nicht angezündete Zigarette

**Kap. 2 (S. 29–45)**
**Hazels Krebsgeschichte**

Augustus erzählt auf der Fahrt zu seinem Zuhause, dass er die Fahrprüfung erst beim vierten Mal bestanden habe und dass er dies wohl nur einem „Krebs-Bonus“ zu verdanken habe: Mit seinem Holzbein habe er einfach kein Gefühl beim Anfahren und Bremsen.

Augustus' schlechter Fahrstil

Hazel berichtet von ihrer Erkrankung, der Leser erfährt an dieser Stelle, dass sie einen unheilbaren metastasierten Schilddrüsenkrebs hat, der bei ihr mit dreizehn diagnostiziert wurde, die Metastasen in der Lunge sorgen dafür, dass sie zuweilen in Atemnot gerät. Sie berichtet, wie sie einmal kurz vor dem Tod stand und es den Ärzten im letzten Moment gelang, sie zu retten. Ein Krebsmedikament hat bei ihr angeschlagen und seit diesem Zeitpunkt sind die Metastasen nur noch wenig gewachsen, ihre Lunge erhält künstlichen Sauerstoff und das (fiktive) Medikament „Phalanxifor“. Auf der Fahrt zu Augustus fokussiert Hazel das Anschlagen des Medikaments und stellt es als ein „Wunder“ dar (vgl. S. 32 f.).

Das „Wunder“-Mittel Phalanxifor

**Die Familie von Augustus und seine Krebsgeschichte**

Motto-Sätze im Hause Waters

Die Familie von Augustus lebt ihren christlichen Glauben im Alltag, besonders aber in Anbetracht der Erkrankung ihres Sohnes: „In den dunkelsten Stunden schickte der Herr uns die besten Menschen“ (S. 35). Die Familie legt gleichfalls einen hohen Wert auf familiären Zusammenhalt (vgl. z. B. die Motto-Sätze wie „Familie für immer“, S. 34) und vertritt offenbar auch eine strenge Sexual-Moral, da es der Vater nicht gestattet, dass die Teenager alleine im Keller einen Film ansehen (vgl. S. 36 f.). Augustus erzählt vom Beginn seiner Erkrankung: Er habe früher Basketball gespielt, bis er den Sinn dieses Sports nicht mehr verstand, gerade als der Termin für die Beinamputation anberaumt war (vgl. S. 37–39). Beide unterhalten sich über ihre Lieblingsbücher, Augustus steht eher auf handlungsreiche Romane, während Hazel gefühlsorientierte Bücher vorzieht. Danach gehen beide ins Wohnzimmer und schauen sich den Film an, der Hazel als „typischer Jungenfilm“ nicht gefällt (vgl. S. 43). Schließlich fährt Augustus Hazel nach Hause. Sie verabschieden sich mit dem Versprechen, sich wieder zu treffen; das Gespräch macht die gegenseitige Zuneigung deutlich (vgl. S. 45).

*V wie Vendetta*

### Kap. 3 (S. 46–56)
### Im Einkaufszentrum

Hazel liest das Buch *Preis der Morgenröte*, das ihr von Augustus empfohlen worden ist. Ihre Mutter vermutet eine emotionale Anziehung zwischen Hazel und Augustus. Sie gratuliert ihrer Tochter zum „dreiunddreißigsten Halbgeburtstag" (S. 47).

Augustus' Lieblingsbuch: *Preis der Morgenröte*

Nach dem College verabredet sie sich mit ihrer Freundin Kaitlyn in einem Einkaufszentrum. Sie tauschen die neuesten Nachrichten aus und bummeln dann durch die Geschäfte. Da Hazel lieber allein sein möchte, verabschiedet sie sich mit der Ausrede, sie sei müde, von ihrer Freundin. Sie setzt sich auf eine Bank im Einkaufszentrum und liest in *Preis der Morgenröte* weiter. Ein kleines Mädchen, Jackie, kommt vorbei und bittet darum, auch einmal ihre Sauerstoffversorgung ausprobieren zu dürfen; Hazel lässt sie gewähren, spürt nach kurzer Zeit aber, dass sie kurzatmig wird. In der Erzählung der Protagonistin vermischen sich Reflexionen über die vorgetäuscht normale Freundschaft mit Kaitlyn, das ehrlich-neugierige Verhalten von Jackie und den blutig-brutalen Inhalt des Romans *Der Preis der Morgenröte*.

Hazel und ihre Freundin Kaitlyn gehen shoppen

### Kap. 4 (S. 57–72)
### *Ein herrschaftliches Leiden*

Hazel fasst den Inhalt ihres Lieblingsbuches *Ein herrschaftliches Leiden* zusammen. In dem Buch geht es um ein Mädchen namens Anna, das an Blutkrebs erkrankt und das im Hinblick auf die ehrlich-sarkastische Wahrnehmung seiner Krankheit Ähnlichkeiten mit Hazel aufweist (vgl. S. 58). Da der Roman mitten im Satz endet, möchte Hazel wissen, ob ihre Vermutungen in Bezug auf den Ausgang des Romans zutreffen; diesbezügliche Briefe hat der Autor aber nie beantwortet.

Hazels Lieblingsbuch: *Ein herrschaftliches Leiden* von Peter Van Houten

**Telefonat mit Augustus**

Sie ruft Augustus an, beide tauschen kurz ihre Lektüreerfahrungen aus. Da sie sich erst wiedersehen wollen, wenn Augustus das Buch gelesen hat, hängen sie schnell wieder ein (vgl. S. 61).

**Zweites Treffen mit Augustus**

Augustus und Isaac spielen *Modern Warfare*

Am nächsten Tag wird Hazel von ihrer Mutter vom College abgeholt, sie gehen ins Kino. Per SMS teilt ihr Augustus mit, dass er das Ende ihres Lieblingsbuches mit dem unvollständigen Satz zunächst für einen Druckfehler, später für ein brutales Ende hält. Als Hazel ihn anruft, ist Isaac bei ihm, der völlig aufgelöst ist. Augustus bittet sie, schnell zu ihm zu kommen. Als Hazel eintrifft, spielen er und Isaac *Modern Warfare*. Es stellt sich heraus, dass Isaacs Freundin Monica die Beziehung beendet hat.

Isaac und Augustus kommentieren Strategie und Spielprozess, während sie spielen. Am Ende opfert Augustus seine Spielfigur, um das Leben anderer zu retten (vgl. S. 68). Vieldeutig (und im Hinblick auf das Romanende vorausdeutend) bemerkt er: „Jede Rettung ist vorläufig“ (S. 68).

Isaacs Freundin Monica hat ihn verlassen

Isaac schildert voller Verzweiflung, dass seine Freundin mit ihm vor seiner Augenoperation Schluss gemacht habe, weil sie es nicht ertrage, mit einem Blinden befreundet zu sein. Isaac kann diese Verhaltensweise nicht nachvollziehen und leidet unter der Situation. Hazel analysiert seine Situation treffend, wenn sie sagt: „(…) wahrscheinlich erträgt sie es wirklich nicht. Du auch nicht, aber du *musst* es ertragen. Sie nicht“ (S. 69).

Isaacs Liebeskonzept geht nicht auf

Isaacs Konzept von „Liebe“ widerspricht seiner realen Erfahrung: „Liebe ist, das Versprechen trotzdem zu halten“ (S. 70). Während sich Hazel und Augustus über das Ende ihres Lieblingsbuches unterhalten und Hazel ihm berichtet, dass sie den Autor schon in mehreren Briefen um Antwort gebeten habe, lässt Isaac seine

Wut an den Einrichtungsgegenständen aus. Als er die Basketball-Trophäen von Augustus auf den Boden wirft, ermuntert ihn Augustus und ist insgeheim froh darüber, dass die ungeliebten Trophäen endlich zerstört werden. Als Augustus Isaac am Ende fragt, ob er sich besser fühle, verneint es jener. Augustus antwortet darauf mit einem Zitat aus *Ein herrschaftliches Leiden*: „Das ist das Problem mit dem Schmerz. (...) Er verlangt, gespürt zu werden" (S. 72).

Das Trophäen-massaker

**Kap. 5 (S. 73–101)**

**E-Mails an Peter Van Houten**

Nachdem Hazel und Augustus mehrere Tage keinen Kontakt gehabt haben, ruft Augustus während des Abendessens von Hazels Familie an. Sie sprechen über das offene Ende des Buches *Ein herrschaftliches Leiden*, das Augustus so nicht akzeptieren will. Er hat deswegen mit dem Autor, Peter Van Houten, Kontakt aufgenommen und von diesem die Antwort bekommen, dass er außer dem Roman kein weiteres Werk verfasst habe (vgl. S. 78).

Augustus nimmt Kontakt zu Peter Van Houten auf

Die Ich-Erzählerin verfasst daraufhin eine eigene E-Mail an den Autor, in der sie ihm gesteht, dass sie ihre Situation in dem Roman exakt beschrieben und verstanden fühlt und in der sie die sie nach wie vor bewegenden Fragen zum Roman stellt (vgl. S. 79).

Hazel schreibt ebenfalls eine E-Mail an den Autor

In dem Telefonat mit Augustus, das sie nach dem Absenden der E-Mail führen, sprechen beide über ihre Kusserfahrungen; Augustus gibt zu erkennen, dass seine letzte Freundin verstorben ist.

**Besuch bei Isaac**

Hazel besucht Isaac nach dessen OP im Krankenhaus; er ist nun blind und trauert noch immer seiner Freundin Monica nach, die ihn kurz vor der OP verlassen hat. Sie witzeln über die Situation, in der er sich befindet, allerdings drückt er auch deutlich seinen Schmerz aus, mit dem er seine Krebserkrankung erlebt (vgl. S. 85).

Isaac ist blind

**Antwort von Peter Van Houten**

Peter Van Houten lädt Hazel nach Amsterdam ein

Nach der Rückkehr aus dem Krankenhaus erhält Hazel eine E-Mail des Autors, in der er ihr mitteilt, dass er ihre Fragen nicht schriftlich beantworten könne, da er befürchtet, dass diese Antwort allgemein als Fortsetzung des Romans verstanden werden könnte. Er lädt Hazel ein, ihn in Amsterdam zu besuchen. Da ihre Familie durch die Krankheitskosten bereits stark finanziell belastet ist, kommt ein Besuch aber nicht in Frage; auch die Idee von Augustus, die Feenstiftung zu bitten, die sich auf die Erfüllung von Wünschen kranker Kinder spezialisiert hat, ist nicht realisierbar, da Hazel diese Option bereits früher für eine Reise in den Epcot-Vergnügungspark in Disney-World in Anspruch genommen hat.

**Augustus schenkt Hazel eine Reise nach Holland**

Das orangefarbene Picknick

Am darauffolgenden Samstag holt Augustus Hazel zum Picknick ab; dabei verwendet er Gegenstände, die allesamt auf die Niederlande verweisen: Die Tulpen sind orange, die besichtigte Skulptur *Funky Bones* stammt von einem niederländischen Künstler, er bringt Orangensaft und holländischen Käse mit. Dann eröffnet er ihr, dass er ihr seinen verbliebenen Wunsch schenken und sie darüber hinaus nach Amsterdam begleiten wolle. Auch der Termin steht mit dem Reisezeitraum vom 2.–6. Mai bereits fest.

**Kap. 6 (S. 102–115)**
**Nachwirkungen des Picknicks**

Nach der Rückkehr Hazels am Samstagmittag macht ihre Mutter deutlich, dass sie nicht ohne die Begleitung eines Erwachsenen nach Amsterdam würde fahren dürfen. Hazel denkt darüber nach, weshalb sie sich gegen die sexuelle Annäherung von Augustus innerlich wehrt. Sie spricht mit ihrer Freundin Kaitlyn darüber, die der Ansicht ist, dass Hazel wohl eine Ahnung haben müsse, dass eine Annäherung nicht richtig sei. Nach dem Telefonat recherchiert sie im Internet nach Caroline Mathers, der verstorbenen Exfreundin von Augustus. Sie stellt fest, dass sie sich als Kranke ähnlich sehen. Die Konfrontation mit deren Tod bewirkt eine „Angstattacke" (S. 109) bei Hazel, die sie vor ihren Eltern nicht verbergen kann. Hazel möchte nicht, dass in ihren eigenen Nachrufen später steht, sie habe tapfer gegen den Krebs gekämpft, weil diese Tapferkeit nicht die einzige Leistung in ihrem Leben gewesen ist (vgl. S. 112).

Hazel recherchiert nach Augustus Exfreundin

Schließlich erkennt Hazel, dass das Bewusstsein ihrer tödlichen Erkrankung sie daran hindert, sich den sexuellen Annäherungen zu öffnen; sie möchte Augustus durch ihren Tod keinen Schmerz zufügen (vgl. S. 113), daher schreibt sie ihm, dass sie ihn nicht küssen könne.

**Kap. 7 (S. 116–124)**
**Hazel auf der Intensivstation**

In der Nacht zum Sonntag hat Hazel große Schmerzen und wird auf die Intensivstation des Krankenhauses gebracht. Es stellt sich heraus, dass die Schmerzen im Kopf eine Folge der mangelhaften Sauerstoffversorgung sind, die wiederum daher rührt, dass die Lungen das sich ansammelnde Wasser nicht mehr hinausschaffen können. Sie kommt erst am Freitag der folgenden Woche wieder aus dem Krankenhaus (vgl. S. 120 f.). Augustus besucht sie am Entlassungstag zusammen mit ihren Eltern und bringt ihr einen Brief von Peter Van Houten mit.

Augustus bringt Hazel einen Brief von Van Houten mit

Van Houten vergleicht darin das von Augustus beschriebene Schicksal mit einer Tragödie Shakespeares. Er führt aus, dass man keineswegs auf eine vermeintliche Macht des Schicksals vertrauen sollte – er formuliert den Ausdruck: „Schuld in unseren Sternen" / „fault in our stars", der der englischsprachigen Ausgabe den Titel gibt; als Begründung verweist er darauf, dass diese Annahme völlig

Titel des Romans

in die Irre führen kann: „Das Schicksal ist ein mieser Verräter" (S. 123). Vielmehr seien die Menschen zum größten Teil selbst verantwortlich für ihr Tun. Er gibt ihm den Rat, den Wunsch Hazels zu respektieren, da sie ihm Leid ersparen möchte.

**Kap. 8 (S. 125–139)**

**Besprechung des Krebsteams – eine schlechte Nachricht**

Hazels Zustand lässt Fernreise nicht zu

Einige Tage später findet eine Besprechung der behandelnden Ärzte mit Hazels Familie statt. In dieser Besprechung wird bestätigt, dass das Krebswachstum durch das Medikament Phalanxifor zunächst gehemmt worden ist und dass die Wasseransammlung der Lunge ein großes Problem darstellt. Hazel ist aber nach wie vor nicht geheilt. Ihre Eltern nehmen diese Nachricht traurig zur Kenntnis. Hazel erinnert sich an den Satz ihrer um das Leben der Tochter bangenden Mutter: „Dann bin ich keine Mutter mehr" (S. 127), den sie, als sie ein anderes Mal auf der Intensivstation lag, zufällig hörte und der sie erschreckte.

Abends teilt Hazel Augustus die schlechte Nachricht mit, dass sie in ihrem gegenwärtigen Zustand nicht nach Amsterdam fahren dürfe. Augustus nimmt die Nachricht mit dem ihm eigenen Humor auf (vgl. S. 129).

Am nächsten Tag liegt Hazel im Garten, die alte Schaukel weckt Kindheitserinnerungen, die sie traurig stimmen. Zusammen mit Augustus, der sie besucht, verfasst sie eine Anzeige, und nach kurzer Zeit wechselt die Schaukel ihren Besitzer (vgl. S. 137).

**E-Mail aus den Niederlanden – eine gute Nachricht**

Hazel darf die Reise doch antreten

Am anderen Morgen erhält Hazel eine E-Mail von der Assistentin Peter Van Houtens, in der diese schreibt, dass man sich auf ihren Besuch freue. Die herbeigerufene Mutter erklärt Hazel, dass Ärzte und Eltern entschieden haben, dass sie nach Amsterdam fahren dürfe. Hazel ist glücklich und informiert unverzüglich Augustus, der sich ebenfalls freut. Sie hofft, dass sie zumindest noch zwei Wochen am Leben bleiben kann.

**Kap. 9 (S. 140–146)**

**Der Tag vor der Abreise**

Hazel geht zur Selbsthilfegruppe und zu Isaac

Am Tag vor der Abreise (5. Mai) besucht Hazel die Selbsthilfegruppe. Sie erfährt, dass andere Jugendliche ihre Stärke bewundern. Nach dem Termin geht sie mit Isaac nach Hause und spielt mit ihm das Videospiel *Deception*. Isaac und Hazel sprechen über Augustus, Isaac vermutet, dass sich Hazel gegen eine Liebesbeziehung wehrt, weil sie Angst hat, von Augustus verlassen zu werden, so wie Isaac von Monica verlassen worden ist. Hazel kommentiert in Gedanken diese Äußerung, indem sie deutlich macht, dass es ihr vor allem darum geht, Augustus nicht zu belasten.

**Kap. 10 (S. 147–165)**

**Der Flug und Augustus' Liebesgeständnis**

Am 6. Mai reisen Hazel, ihre Mutter und Augustus nach Amsterdam. Zunächst erzählt die Ich-Erzählerin vom letzten Frühstück mit den Eltern; Hazel stellt Essenskonventionen in Frage, wenn sie das Rührei auch außerhalb des Frühstücks verwendet sehen möchte. Als sie Augustus abholen, hören sie durch die Haustür, dass er weint. Als er herauskommt, lässt er sich nichts anmerken. Sie fahren zum Flughafen und Augustus entfernt sich mit einem Vorwand von ihnen; später gesteht er, dass es ihm peinlich sei, von Menschen wegen seiner Erkrankung angestarrt zu werden. Im Flugzeug diskutieren Hazel und Augustus über das Schöne, und Hazel vertritt die Ansicht, dass Seltenheit und Fragilität keine hinreichenden Merkmale von Schönheit seien. Während des Fluges nach Amsterdam sehen beide Filme an, unter anderem einen brutalen Kriegs-

93 Milliarden Tote

film, der sie zu der Frage führt, wie viele Tote es insgesamt auf der Welt gäbe. Augustus nennt die Zahl dreiundneunzig Milliarden (vgl. S. 163). Danach zitiert Hazel Zeilen aus dem Gedicht *The Love Song of J. Alfred Prufrock* von T. S. Eliot; während des Rezitierens gesteht Augustus Hazel seine Liebe (vgl. S. 164 f.).

**Kap. 11 (S. 166–188)**
**Ankunft in Amsterdam**

Amsterdam ist von Toten erbaut

Sie erreichen Amsterdam und lassen sich von einem Taxi in die Innenstadt bringen. Auf der Fahrt wird Hazel bewusst, dass alle Gebäude, die sie sieht, von Toten erbaut worden sind. Im Hotel „Filosoof" bewohnen sie die Zimmer „Kierkegaard" und „Heidegger". Hazels Mutter möchte gleich eine Stadtbesichtigung machen, aber Hazel ist müde und so bleiben alle auf den Zimmern.

**Das „Rendezvous" mit Augustus**

Das Diner im „Oranjee"

Hazel und Augustus gehen abends alleine in das Restaurant „Oranjee", trinken zum ersten Mal Champagner und genießen ein romantisches Abendessen für Zwei, das von Peter Van Houten bezahlt wird und von seiner Assistentin organisiert wurde. Es stellt sich heraus, dass Augustus den Anzug trägt, der für seine eigene Beerdigung vorgesehen ist und deshalb noch nie getragen wurde. Hazel denkt daran, dass Augustus mit der Ungewissheit eines möglichen Todes leben darf, während es bei ihr bereits entschieden sei, dass ihr Leben durch das Medikament nur verlängert und der Tod hinausgezögert sei. Sie unterhalten sich über ein Leben nach dem Tod und es wird deutlich, dass Augustus davon überzeugt ist, dass es nach dem Leben *„Irgendwas"* (S. 179) gebe. Sie sprechen über die Bedeutung ihrer Leben und Augustus betont erneut, wie wichtig es ihm ist, dass sein Leben einen Sinn hat, während Hazel der Über-

Leben nach dem Tod

Amsterdam mit seinen typischen Häusern, Grachten und Fahrrädern
© Fotolia – badahos

zeugung ist, dass ein Leben auch dann sinnvoll ist, wenn es nicht in den Dienst einer höheren Sache gestellt wird (vgl. S. 180 f.).

Augustus erzählt von Caroline

Nach dem Essen gehen beide spazieren und setzen sich auf eine Parkbank. Hazel fragt nach Caroline Mathers, der verstorbenen Freundin von Augustus, und Augustus erzählt ihr die Geschichte, wie sie sich im Krankenhaus kennengelernt haben (sie spielte als Einzige auf dem Spielplatz des Hospitals) und wie der stetig wachsende Gehirntumor ihr Wesen immer schwieriger werden ließ. In diesem Krankheitsstadium beleidigt Caroline Augustus immer wieder, was dazu führt, dass Augustus nach ihrem Tod ohne Sehnsucht an sie denkt (vgl. S. 188). Hazel verspricht, ihm niemals wehzutun.

**Kap. 12 (S. 189–223)**
**Das Treffen mit Peter Van Houten**

Hazel bereitet sich auf das Treffen mit ihrem Lieblingsschriftsteller vor, indem sie sich so kleidet wie die Protagonistin in *Ein herrschaftliches Leiden*: Converse-Turnschuhe, dunkle Jeans, hellblaues T-Shirt.

Herzloser Empfang bei Peter Van Houten

Als Augustus und Hazel an die Haustür Van Houtens kommen, sind sie überrascht, weil sie von innen laute Musik hören. Van Houten, der ihnen im Pyjama die Tür öffnet, entspricht in keiner Weise ihren Vorstellungen: Er schließt die Tür wieder und beschwert sich bei seiner Assistentin über den Besuch der beiden „ontologisch unwahrscheinliche(n) Kreaturen" (S. 194). Trotz des herzlosen Empfangs, der beide überrascht und enttäuscht, will Hazel unbedingt das Ende des Buchs in Erfahrung bringen. Schließlich lässt er sie in sein Haus ein, nachdem seine Assistentin ihm klar gemacht hat, dass sein Buch eine große Bedeutung für die beiden jungen Leute hat. In seinem Wohnzimmer sehen sie zwei große Mülltüten voller Fanpost, die offenbar ungelesen und unbeantwortet geblieben ist; Van Houten rechtfertigt sich damit, dass er nicht mit der Realität seiner Leser konfrontiert werden möchte.

Hazel möchte von ihm das Ende des Romans wissen

Hazel bittet ihn, ihr das Ende des Romans zu erzählen; doch zunächst bemerkt Van Houten, dass sie sich wie die Protagonistin des Romans gekleidet hat, um gleich danach zu bemerken, dass er kein Alkoholiker sei, obgleich er seine Assistentin bereits um das zweite Glas Scotch bittet (vgl. S. 197).

Als der Schriftsteller erfährt, dass seine Assistentin beide zum Essen eingeladen hat, ärgert er sich, lässt sich dann aber darauf ein, Fragen zu beantworten. Als Augustus nicht gleich eine Frage stellen kann, verhöhnt ihn Van Houten mit der Vermutung, der Krebs habe sich wohl schon seines Gehirns bemächtigt. Als Hazel ihn dann fragt, wie es mit den Figuren weitergeht, antwortet Van Houten nicht darauf, sondern bringt mit der griechischen Philosophie und schwedischem Hip-Hop völlig unerwartete Themen ins Gespräch, vom Verstehen der Musik macht er sogar das Verstehen seines eigenen literarischen Werkes abhängig.

Van Houten weicht aus

Hazel lässt sich nicht beirren und besteht darauf, das Ende der Geschichte zu erfahren. Van Houten lenkt nochmals ab und erzählt Zenons Paradoxon vom Wettlauf zwischen Mensch und Schildkröte. Lustlos geht er dann auf Hazels Fragen ein, bevor er ihr zu verstehen gibt, dass sie es mit einem fiktionalen und nicht mit einem historischen Text zu tun hat. Die Romanfiguren würden nur in Bereich des Textes existieren und hätten darüber hinaus kein eigenes Leben (vgl. S. 204).

Van Houten ist betrunken

Hazel will das nicht wahrhaben und verlangt eine Erklärung von ihm. Van Houten weist in seinem nun betrunkenen Zustand ihren Wunsch als kindisch zurück und beleidigt sie darüber hinaus, indem er ihr unterstellt, dass sie nur sein Mitleid wolle (vgl. S. 205) und dass sie darüber hinaus „ein gescheitertes Experiment der Mutation“ (S. 205) sei. Auch Hazel verliert nun ihre höfliche Zurückhaltung und wehrt sich mit Kraftausdrücken, während sie gleichzeitig darauf besteht, das Ende der Geschichte zu hören. Doch sie erhält keine Antwort, beginnt zu schreien, er habe es doch versprochen, das Ende der Geschichte zu erzählen, und wird dann von Augustus hinausgeführt.

**Besuch des Anne-Frank-Hauses**

Nach dem enttäuschenden Besuch bei Van Houten nimmt Augustus Hazel in den Arm und tröstet sie. Sie habe ihm nicht seinen einzigen Wunsch geraubt, sondern ihn ihnen beiden geschenkt (vgl. S. 209), mit diesen Worten versucht er sie zu beruhigen.

Lidewij folgt den beiden und schlägt vor, ins Anne-Frank-Haus zu gehen. Sie entschuldigt sich vielmals für das Verhalten des Schriftstellers und sie bemerkt, dass er sehr krank sei und durch die Umstände zu dem bösen Menschen geworden sei, der er nun ist.

Der Kuss im Anne-Frank-Haus

Mit großer Mühe schafft es Hazel, das Haus, in dem es viele steile Treppen gibt, zu besichtigen; sie meint, dass sie es Anne Frank schuldig sei, die leiden musste, obwohl sie nichts Böses getan hatte. Hazel begegnet im Museum dem Thema „Sterben", besonders die Erinnerung an diejenigen Toten, denen keine Museen erbaut worden sind, liegt ihr am Herzen (vgl. S. 215). Augustus und Hazel küssen sich zum ersten Mal, während im Hintergrund ein Video läuft, in dem Anne Franks Vater erklärt, dass er seine Tochter eigentlich nicht richtig gekannt habe (vgl. S. 217). Hazel befürchtet, dass die anderen Besucher sich an dem Kuss stören könnten, doch diese applaudieren begeistert.

**Geschlechtsverkehr**

Nach dem Besuch beschließen sie, in Augustus' Zimmer zu gehen und miteinander zu schlafen. Den Geschlechtsverkehr empfindet die Ich-Erzählerin als beglückend, sie hinterlässt dem schlafenden Augustus einen kurzen Liebesbrief (vgl. S. 223), mit dem sie ein Bild aufgreift, das Augustus selbst schon zuvor verwendet hat (vgl. S. 129 f.).

**Kap. 13 (S. 224–234)**

**Die maslowsche Bedürfnispyramide**

Hazel und Augustus berichten von ihrem Besuch bei Van Houten

Am nächsten Morgen, dem 8. Mai, erzählen beide in einem Café der Mutter Hazels von ihrem Besuch bei Peter Van Houten. Nachdem sich Frau Lancaster verabschiedet hat, um einen Spaziergang zu machen, gehen beide zurück in ihr Zimmer. Während des Rückwegs sprechen sie über die Bedürfnispyramide Abraham Maslows, der behauptet, dass zunächst grundlegende Bedürfnisse wie Essen und Trinken befriedigt sein müssen, bevor höhere Bedürfnisse wie

Liebe oder Selbstverwirklichung angestrebt werden können. Hazel stellt fest, dass ihr Grundbedürfnis nach körperlicher Unversehrtheit nicht befriedigt ist und dass sie daher eigentlich gar nicht in der Lage sein dürfte, sich nach Liebe zu sehen. Sie hält daher die maslowsche These für nicht plausibel (vgl. S. 228).

**Augustus' Geständnis von der Rückkehr der Krebserkrankung**

„Ich leuchte wie ein Weihnachtsbaum"

Im Hotelzimmer gesteht Augustus, dass er zahlreiche Metastasen habe: „Ich leuchte wie ein Weihnachtsbaum, Hazel Grace" (S. 229). Beide wissen, dass das sein Todesurteil bedeutet (vgl. S. 229). Er erzählt, dass die Diagnose zu dem Zeitpunkt gekommen sei, als Hazel eine Woche im Krankenhaus gewesen ist. Dies sei auch der Grund für den Widerstand seiner Eltern gegen die Reise nach Amsterdam gewesen; Augustus habe sich aber mit dem Hinweis auf seine eigene Verantwortung durchgesetzt.

Augustus setzt sich intensiv mit dem Tod auseinander: Zunächst entschuldigt er sich bei Hazel, weil er sie im Glauben gelassen habe, er sei gesund. Die Ermunterung Hazels, den Kampf gegen den Krebs aufzunehmen, weist er mit der sarkastischen Bemerkung zurück, dass die Krebszellen genauso zu ihm gehörten wie der gesunde Teil seines Körpers; im Grunde genommen handele es sich um einen „Bürgerkrieg" (S. 232 f.), der in seinem Körper ausgetragen werde. Er hält sein eigenes Beispiel für einen Beleg gegen die maslowsche Hypothese, da er sich trotz der lebensbedrohlichen Situation für die Kunstwerke im Rijksmuseum interessiert (vgl. S. 232). Dann bittet er Hazel darum, so zu tun, als ob er nicht bald sterbe. Hazel versichert ihm daraufhin, ihn auf seiner Achterbahnfahrt, „auf der es immer nur aufwärtsgeht" (S. 233), zu begleiten.

„Ich sitze in einer Achterbahn, auf der es immer nur aufwärtsgeht"

**Kap. 14 (S. 235–246)**

**Rückflug von Amsterdam und Ankunft in Indianapolis**

Das Schicksal und das Universum

Auf dem Rückflug von Amsterdam erzählt Augustus, dass er einen Physiklehrer gehabt habe, der jedem Traum, jeder verrückten Idee durch nüchterne naturwissenschaftliche Betrachtung den Boden entzogen hat. Sie trinken Champagner und sprechen über den Schmerz, den ihre Erkrankung verursacht. Hazels Vater holt sie vom Flughafen ab. Zuhause sprechen sie über Resignation und Ehrlichkeit: Hazels Vater, der inzwischen *Ein herrschaftliches Leiden* gelesen hat, ist nicht der Ansicht, dass Resignation angesichts einer Krebserkrankung eine ehrliche Haltung sei (vgl. S. 238). Hazel fragt ihn daraufhin, ob er an eine schicksalhafte Bestimmung glaube. Ihr Vater kann die Frage nicht beantworten; ihm kommt die Erinnerung an einen Mathematikkurs in den Sinn, in dem die alte Lehrerin gemeint habe, dass das Universum es wohl darauf anlege, von uns bemerkt zu werden (vgl. S. 239). Hazels Vater zeigt mit dieser Aussage zumindest einen Ansatz einer gläubigen Einstellung.

**Issac und Augustus bewerfen Monica Auto mit Eiern**

Isaacs „legitime" Rache an Monica

Am nächsten Morgen, dem 11. Mai, treffen sich Isaac und Hazel bei Augustus. Die beiden Jungen berichten von der Dimension ihrer jeweiligen Erkrankung; Augustus findet es ungerecht, dass sich Monica nicht mehr gemeldet hat, aber Isaac meint, dass er vollauf damit beschäftigt sei, als Blinder den Alltag meistern zu lernen. Alle drei fahren dann zu Monicas Haus, Augustus gibt Isaac die notwendigen Hinweise, damit dieser ihren Wagen mit Eiern bewerfen und auch treffen kann. Als Monicas Mutter aus dem Haus tritt, erklärt Augustus, dass die Handlung eine legitime Reaktion auf Monicas Fehlverhalten sei und dass sie sofort wieder ins Haus gehen müsste, wenn sie nicht riskieren wolle, dass die Polizei gerufen werde.

**Kap. 15 (S. 247–250)**

**Abendessen im Hause der Waters**

Beide Familien treffen sich einige Tage nach dem 11. Mai zum Abendessen im Hause der Waters. Hazel und Augustus kommentieren das Essen lobend-ironisch mit einer Anspielung auf ihr Abendessen in den Niederlanden. Ihre Kommentare werden von den Eltern nicht verstanden.

**Augustus im Krankenhaus**

Augustus' Zustand verschlechtert sich

Eine Woche später wird Augustus mit starken Schmerzen ins Krankenhaus eingeliefert. Er muss von nun an im Rollstuhl sitzen. Seine Mutter möchte nicht, dass Hazel ihn dort besucht.

**Hazel und Augustus bei den *Funky Bones***

Zwei Wochen später besuchen beide erneut die Skulptur *Funky Bones*. Sie trinken Champagner aus Winnie-Puuh-Pappbechern – ein symbolischer Hinweis auf ihre Adoleszenz zwischen Kindheit und Erwachsensein. Augustus fühlt den nahen Tod, was er damit zum Ausdruck bringt, dass er sich nicht mehr wie eines der Kinder fühlt, das auf der Skelettskulptur herumhüpft, sondern dass er sich nun wie die Skulptur selbst fühlt.

**Kap. 16 (S. 251–255)**

**Besuch bei Augustus im Spätstadium seiner Erkrankung**

Augustus hat Angst, nichts zu hinterlassen

Augustus befindet sich im Spätstadium seiner Erkrankung. Er nimmt kaum noch Nahrung zu sich und ist sehr müde. Gleichwohl versucht er, eine Fortsetzung von *Ein herrschaftliches Leiden* zu schreiben. Sein Wunsch, eine Autobiografie zu schreiben, resultiert aus der Angst, dass er vergessen werden könnte (vgl. S. 252). Er sehnt sich nach der Zeit vor seiner Erkrankung zurück und er drückt aus, dass er das Leben schön findet.

Augustus erhält seine Nahrung über eine Sonde direkt in den Magen. Seine Eltern sehen sich ein altes Video an, auf dem man erkennen kann, dass Augustus ein sehr guter Basketballspieler gewesen ist. Augustus möchte ins Bett gehen, Hazel legt sich neben ihn, beide schlafen ein als „ein Haufen verhedderter Schläuche und Körper“ (S. 254). Nach dem Aufwachen spielen beide das Computerspiel *Modern Warfare*. Abends geht Hazel nach Hause, um am nächsten Tag um die Mittagszeit wieder zu ihm zu gehen.

**Kap. 17 (S. 256–258)**
**Augustus und der Sinn des Lebens**

Einen Monat nach der Rückkehr aus Amsterdam (11. Juni) findet Hazel einen desorientierten Augustus in seinem eigenen Urin liegend im Bett vor. Er kämpft mit der Vorstellung, dass er niemals die öffentliche Bedeutung erlangen wird, nach der er sich gesehnt hat. Hazel macht ihm bewusst, für wen er eine Bedeutung hat, dass er seine sportlichen und politischen Ziele nicht mehr erreichen kann und dass es verletzend für sie und die Familie ist, wenn ihm das, was ihm nun doch noch verblieben ist, nicht zufriedenstelle (vgl. S. 257).

**Kap. 18 (S. 259–264)**
**Augustus und Hazel an der Tankstelle**

Augustus macht seine Hilflosigkeit wütend

Augustus ruft Hazel mitten in der Nacht an und bittet sie, sofort zu ihm zu kommen. Er habe Zigaretten kaufen wollen, sei an einer Tankstelle und habe nun Schwierigkeiten mit der PEG-Sonde. Hazel fährt sofort zu ihm und findet ihn in einem bemitleidenswerten, völlig hilflosen Zustand vor. Sie ruft unverzüglich den Notarztwagen, da sie erkennt, dass sich der künstliche Port entzündet hat und Augustus langsam das Bewusstsein verliert. Augustus ist zutiefst enttäuscht, dass es ihm nicht gelingt, auch nur ein kleine Aufgabe selbst zu erledigen. Er drückt seinen Lebensekel und seinen Todeswunsch aus: „Ich hasse mich, ich hasse mich, ich hasse das, ich hasse das, ich ekel mich vor mir, ich hasse es, ich hasse es so, lass mich einfach endlich sterben, verdammte Scheiße“ (S. 262).

Hazel kann ihm nur immer wieder ihre Liebe versichern; allerdings bestätigt sie ihm auch, dass sein Kampf keinen Ruhm hervorbringen wird, da er völlig sinnlos ist. Während sie auf den Krankenwagen warten, rezitiert sie für ihn das einzige Gedicht, das sie auswendig kennt: *Die rote Schubkarre* von William Carlos Williams.

Hazel zitiert ein Gedicht

**Kap. 19 (S. 265–269)**
**Der letzte gute Tag mit Gus**

Nach der Entlassung aus dem Krankenhaus benötigt Augustus noch mehr Schmerzmittel als zuvor. Er fühlt sich vollständig seiner Würde beraubt und empfindet sich nur noch als Last für andere. Seine Halbschwestern sind mit ihren Familien gekommen. Ihre Kommentare wirken deplatziert; Augustus und Hazel machen sich darüber lustig, und Augustus zeigt, dass er nach wie vor ironisch-sarkastische Bemerkungen machen kann.

**Kap. 20 (S. 270–278)**
**Der *Letzte Gute Tag* mit Gus**

Augustus bittet Hazel, zu der Kirche zu kommen, in der sich stets die Selbsthilfegruppe trifft, und für ihn eine Grabrede vorzubereiten. Hazels Eltern wünschen sich, dass ihre Tochter häufiger zu Hause ist und sie sie häufiger sehen, doch Hazel wehrt diesen Anspruch in verletzender Weise ab, indem sie ihrer Mutter vorwirft, ihr einziger Lebensinhalt zu sein. Erst als Hazel darauf hinweist, dass der Tod von Augustus nicht mehr fern sei und dass sie dann jeden Abend zu Hause wäre, lassen sie die Tochter gehen.

Die Vorbeerdigung von Augustus

Isaacs Grabrede

Sie trifft Augustus und Isaac in der Kirche, wo sie die Vorbeerdigung inszenieren. Isaac hält seine Grabrede für Augustus, in der deutlich wird, welche enge Freundschaft sie verbindet.

Hazels Grabrede

In der Grabrede, die Hazel hält, dankt sie Augustus für die gemeinsame Zeit, die ihr unendlich erschien, unendlicher als andere Unendlichkeiten (vgl. S. 277), womit sie ein Zitat von Peter Van Houten verwendet.

**Kap. 21 (S. 279–285)**
**Der Tod von Augustus**

Acht Tage nach der Vorbeerdigung stirbt Augustus, Hazel erreicht der Anruf um 3:30 Uhr in der Frühe. Mit dieser Nachricht setzt der Trauerschmerz bei Hazel ein. Sie denkt an die vergangenen Wochen mit Augustus, in denen sie sich viel an die gemeinsam verbrachte Zeit erinnerten, es wird ihr bewusst, dass sie mit ihm nicht mehr wird sprechen können. Die Schmerzintensität bewertet sie mit der höchsten Zahl auf einer Skala von eins bis zehn. Sie liest die Einträge auf seiner digitalen Pinnwand und stellt fest, dass sie von Leuten stammen, von denen er nie gesprochen hat. Manche Einträge findet sie unpassend. So kommentiert sie ein Lob seines Kampfes gegen den Krebs mit dem Hinweis, dass Augustus nicht gegen den Krebs gekämpft habe, sondern gegen das menschliche Bewusstsein; er habe gegen ein Universum, das erschafft und zerstört, nichts ausrichten können. Schließlich sucht Hazel Trost in der Geborgenheit ihrer Familie.

Augustus' Kampf gegen das menschliche Bewusstsein

**Kap. 22 (S. 286–297)**
**Die Beerdigung von Augustus**

Hazel legt Augustus Zigaretten in den Sarg

Fünf Tage nach seinem Tod findet samstags die Beerdigung statt. Hazel kondoliert den Eltern und küsst den Leichnam des toten

Freundes auf die Wange. Dann legt sie noch eine Schachtel Zigaretten neben ihn in den Sarg.

Peter Van Houten ist zur Beerdigung gekommen

Hazel ist nicht einverstanden mit der Predigt des Pfarrers, insbesondere die Phrasen vom Kampf gegen den Krebs und die Vorstellung, dass er im Himmel wieder einen kompletten Körper haben werde, lehnt sie ab. Sie ist völlig überrascht, als sie Peter Van Houten hinter sich bemerkt, der ebenfalls sein Missfallen über die Predigt kundtut.

Die Trauerreden

Nach der Predigt des Pfarrers tritt Isaac vor den Altar und berichtet, wie ihn ein optimistischer Augustus nach der Augen-OP angespornt habe, sein Leben wieder anzupacken. Auch Hazel trägt ihre Rede vor, in der sie ermutigende Worte für die Trauernden findet (vgl. S. 291).

Nach der Zeremonie findet die Beerdigung statt, Hazel wohnt ihr bei, obgleich sie sich innerlich dagegen wehrt, da sie die Trauer der anwesenden Eltern als Belastung empfindet.

Hazel interessiert die Fortsetzung des Romans nicht mehr

Auf dem Rückweg erzählt Van Houten, dass Augustus ihn gebeten hat, Hazel beim Besuch seiner Beerdigung die Fortsetzung des Romans zu erzählen. Doch Hazel hat kein Interesse mehr daran, dies zu erfahren. Sie tituliert ihn als einen „jämmerliche(n) Säufer" (S. 295) und bricht das Gespräch ab. Später merkt sie, dass sie Mitleid mit ihm hat.

Nach der Rückkehr nach Hause stellt Hazel fest, dass die Liebe zu Augustus wohl vergänglich gewesen wäre, selbst wenn er weiter gelebt hätte. Ihr Vater nimmt sie in den Arm und macht ihr klar, dass er seine Tochter genauso liebt, wie Hazel Augustus geliebt hat.

### Kap. 23 (S. 298–310)

### Isaac berichtet von Augustus' Aufzeichnungen

Hazel besucht Isaac ein paar Tage später, sie spielen ein Computerspiel für Blinde. Sie sprechen über das Sterben und den Tod von Augustus, und Hazel denkt an die Bedeutungslosigkeit des menschlichen Leidens und daran, dass es ein menschlicher Wunsch sei, vom Universum bemerkt zu werden (vgl. S. 300). Isaac macht Hazel darauf aufmerksam, dass Augustus nach ihrem Besuch in Amsterdam wohl an einer Art Fortsetzung des Romans *Ein herrschaftliches Leiden* gearbeitet hat. Als sie wieder in ihren Wagen steigt, erschrickt sie, da Van Houten auf der Rückbank sitzt. Sie will ihn loswerden, doch er erzählt ihr, dass er vor 22 Jahren seine achtjährige Tochter infolge einer Leukämie-Erkrankung verloren hat. Er habe ihr versprochen, bald zu ihr in den Himmel nachzukommen. Hazel empfindet Mitleid mit ihm und rät ihm, nach Hause zu gehen und wieder einen Roman zu schreiben und nicht mehr zu trinken (vgl. S. 306). Van Houten gibt ihr Recht und verabschiedet sich.

Hazel sucht Augustus' letzte Aufzeichnungen

Hazel fährt zu den Eltern von Augustus und recherchiert erfolglos auf der Festplatte des Computers nach Dokumenten, die er in den vergangenen Monaten geschrieben haben könnte. Sie wird nicht fündig, wickelt sich in seine Decke ein und kann nochmals seinen Geruch wahrnehmen.

### Kap. 24 (S. 311–319)

### Augustus' Notizbuch und die fehlenden Seiten

Ein Notizbuch mit fehlenden Blättern

Elf Tage nach dem Tod von Augustus teilt sein Vater Hazel mit, dass er ein Notizbuch seines Sohnes gefunden habe, in dem die ersten Blätter herausgerissen worden sind. Hazel fährt mit Isaac zur Selbsthilfegruppe, weil sie hofft, dass Augustus die Blätter dort versteckt haben könnte. Sie findet die Blätter dort nicht. Im Gespräch mit Patrick gesteht sie, dass sie gerne sterben möchte; allerdings bekennt sie sich auch zu ihrer Verantwortung gegenüber ihren Eltern und Augustus. Sie formuliert ihren Wunsch, dem Universum mehr Achtsamkeit zu schenken (vgl. S. 313).

Nach der Rückkehr zu ihren Eltern streitet sich Hazel mit ihrer Mutter über die Frage, ob sie essen soll. Ärgerlich lehnt sie Nahrung ab und weist ihre Mutter darauf hin, dass sie ohnehin sterben werde und dass ihre Mutter dann keine Mutter mehr sei. Ihrer Mutter wird klar, dass Hazel ein Gespräch zwischen ihr und dem Vater mit angehört haben muss, und sie versichert ihr, dass sie auch nach ihrem Tod ihre Mutter sein werde (vgl. S. 315). Außerdem bekennt sie, dass sie ein Fernstudium begonnen habe und Sozialpädagogin werden wolle.

Hazels Mutter berichtet von ihrem Fernstudium

Die ganze Familie schaut sich schließlich die Sendung *America's Next Top Model* im Fernsehen an. Hazel ist besorgt, dass sich ihre Eltern nach ihrem Tod trennen könnten und sie nimmt ihnen daher den Schwur ab, sich nicht scheiden zu lassen.

**Kap. 25 (S. 320–333)**
**Picknick im Park und Augustus' Brief an Van Houten**

Am nächsten Morgen (14. Juli), 12 Tage nach dem Tod von Augustus, erhält Hazel einen Anruf ihrer Freundin Kaitlyn, die sie auf die Idee bringt, dass Augustus die verschwundenen Notizblätter an eine andere Person geschickt haben könnte. Sie schreibt an Lidewij Vliegenthart und bittet sie darum, bei Peter Van Houten nach einem möglichen Brief von Augustus nachzuforschen.

E-Mail an Lidewij

Dann geht sie mit ihren Eltern zum Picknick in einen Park, später besuchen sie das Grab von Augustus. Als sie abends wieder nach Hause kommt, hat Lidewij ihr geantwortet und die fehlenden Notizbuchseiten als Anhänge der E-Mail beigefügt.

Auf den Seiten bittet Augustus Peter Van Houten darum, eine Grabrede für Hazel zu schreiben. Er liefert ihm dafür Stichworte:

Augustus' Brief an den Schriftsteller

Zunächst formuliert er seinen Wunsch, dass man sich an ihn erinnern möge, dass er ein Zeichen seiner Existenz hinterlassen könne. Im Gegensatz zu ihm sei Hazel von diesem Wunsch nicht beseelt, sie gehe „leicht" durch die Welt, ohne Zeichen hinterlassen zu wollen (vgl. S. 331). Die Liebe zu Hazel sei das Zeichen, das er nun hinterlässt, auch wenn er gesteht, dass er sich auch gewünscht habe, Hazel würde vor ihm sterben, damit sie durch seinen Tod keinen Schmerz erfahren müsste. Am Ende des Briefes bekennt Augustus, dass er glücklich sei mit seiner Entscheidung, Hazel zu lieben; der Roman endet mit der Bestätigung Hazels, dass auch sie glücklich damit sei.

## 3.3 Aufbau

ZUSAMMENFASSUNG

Handlungszeit ist die Gegenwart, wahrscheinlich im Jahr 2007 oder 2012. Handlungsort ist Indianapolis, die Hauptstadt des Bundesstaates Indiana/USA. Der Roman weist eine chronologisch-lineare Erzähl- und Handlungsstruktur ohne Rahmenerzählung auf, in die zuweilen Rückblicke eingebettet sind und die dem Aufbau eines klassischen Dramas gleicht.

### Die Grundstruktur der Handlung

Chronologisch-lineare Handlungsstruktur

Ähnelt klassischem Dramenaufbau

Der Roman wird aus der Perspektive von Hazel Grace Lancaster erzählt. Aufgrund der Zeitangabe im 3. Kapitel (Donnerstag, 29. März; S. 47) lässt sich die Handlung auf das Jahr 2007 oder 2012 terminieren; wegen der erwähnten Filme und Computerspiele ist keine Handlungszeit vor 2007 möglich. Die Handlungsstruktur ist chronologisch-linear und ähnelt traditionellen dramaturgischen Konzepten mit Exposition, Steigerung, Peripetie, fallender Handlung, Katastrophe. Die erzählte Zeit erstreckt sich über ungefähr ein halbes Jahr und umfasst den Frühling und den Sommer 2007/2012. Im 1. Kapitel findet eine **Rückblende** statt, die drei Jahre zurückreicht und im Wesentlichen die Krankheitsdiagnose enthält. Die Reise nach Amsterdam (vgl. Kap. 10–14) findet vom 6.–10. Mai statt (vgl. S. 137; ursprünglich war sie vom 2.–6. Mai geplant, vgl. S. 100). Nach der Rückkehr und der erneuten Erkrankung von Augustus sind die Zeitangaben nur noch vage, im Kap. 17 wird als Zeitangabe „ein( ) Monat nach unserer Rückkehr aus Amsterdam" (S. 256), mithin also der 11. Juni genannt. Danach ist häufig die Rede von „ein paar Tage später", rückrechnend kann man den genauen Todeszeitpunkt von Augustus auf den 2. Juli festlegen, da die

3.3 Aufbau

**HANDLUNGSSTRUKTUR UND NARRATIVE FUNKTION**

die Romanhandlung am Samstag, 14. Juli, 12 Tage nach seinem Tod (vgl. Kap. 25) endet.

Blick auf die narrative Struktur

Der Blick auf die narrative Struktur zeigt eine große Ähnlichkeit mit traditionellen dramaturgischen Konzepten, beispielsweise dem berühmten Pyramidenschema Gustav Freytags. Auch wenn es sich bei dem vorliegenden Text natürlich nicht um einen dramatischen Text handelt, so ist die narrative Struktur dennoch ähnlich der eines dramatischen Textes zu beschreiben: In der **Exposition** im Kapitel 1 werden alle wichtigen Figuren eingeführt und vorgestellt, die relevanten Themen werden angesprochen. In den Kapiteln 2–9 wird das Kennenlernen der beiden Protagonisten beschrieben, die **Handlung spitzt sich somit zu**, sie intensiviert sich. **Höhepunkt** ist unstrittig die Reise nach Amsterdam in den Kapiteln 10–14, gleichzeitig bedeutet sie auch den **Umkehrpunkt** aufgrund der ernüchternden Begegnung mit dem bewunderten Schriftsteller und aufgrund des Geständnisses von Augustus, dass der Krebs erneut bei ihm aufgetreten ist. Die letzten Lebenswochen von Augustus in den Kapiteln 15–20 bereiten das Ende der Freundschaft zwischen den beiden Teenagern vor („**fallende Handlung**"), sein Tod in Kapitel 21 ist der **Schlusspunkt der tragischen Handlung**. Gleichzeitig endet der Roman mit einem positiven Blick auf die vergangene Liebesbeziehung.

Blick auf die dramatische Struktur

Mit dem Blick auf die dramatische Struktur des Erzähltextes liegt es nicht fern, eine Verwandtschaft der antiken Tragödie mit dem modernen Roman zu konstatieren: In der griechischen Tragödie (vgl. z. B. Sophokles' *König Ödipus* oder *Antigone*) wird der Mensch schuldlos schuldig, seine Mittel reichen nicht aus, um das vom Schicksal (bzw. von den Göttern) Beschlossene abzuwenden. Auch die an Krebs erkrankten Figuren des Romans geraten ohne eigene Schuld in die Situation, aus der sie aus eigener Kraft nicht mehr herausfinden.

Zuordnung zur Adoleszenzliteratur

Die Zuordnung des Romans zum Genre der Adoleszenzliteratur lässt sich durch das Alter der Protagonisten und die von ihnen verhandelten Themen begründen. Als „Adoleszenz" gilt

Definition Adoleszenz

> „allgemein jene Phase, die den ‚Abschied von der Kindheit' und den Eintritt in das Erwachsenenalter bezeichnet (…). Damit ist auch gesagt, dass die Besonderheit dieser lebensgeschichtlichen Phase im Mit- und Gegeneinander von körperlichen, psychischen und sozialen Prozessen besteht (…). Es geht sozusagen um die ‚Neuprogrammierung' der physiologischen, psychologischen und psychosozialen Systeme".[3]

Idealtypisches Ziel dieser Phase ist die Identitätsfindung des Protagonisten, der Abschied von der Kindheit wird zumeist mit Todesmotiven gekoppelt (Krebserkrankung). Die „Reise" (hier nach Amsterdam) wird als Weg hin zur Identität verstanden, meist wird der Übergang mit einem Initiationsritual markiert (hier der Geschlechtsverkehr zwischen Augustus und Hazel), die Todeserfahrung symbolisiert den Abschied von der alten Kindheitsidentität, der Neubeginn mit der Erwachsenenidentität fällt zusammen mit dem Hineinwachsen in soziale Rollen. Die Besonderheit des vorliegende Romans besteht darin, dass die Protagonisten keine Zukunft als Erwachsene haben, aber dennoch die für Adoleszierende typischen Entwicklungsprozesse durchlaufen. Die Begegnung mit Liebe und Sexualität steht im Vordergrund, auch die Frage nach dem Umgang mit der Krankheit spielt eine Rolle. Die für andere Adoleszenzromane typische Auseinandersetzung mit gesellschaftlichen Normen findet dagegen nur am Rande statt.

---

3 Gansel 2000, S. 359 f.

### Thematische Schwerpunkte

Sämtliche Themenkomplexe sind typisch für Adoleszenzliteratur, sie werden aber durch die durch die Krebserkrankung bedingte Ausnahmesituation beeinflusst. Das Bewusstsein begrenzter Lebenszeit intensiviert und pointiert die Auseinandersetzung mit den Themenbereichen. Als Themenkomplexe lassen sich identifizieren:

**Auseinandersetzung mit Konzepten von Freundschaft**

Der Roman stellt drei Beispiele von Freundschaften vor, die im Zeichen der Krebserkrankung stehen (Isaac und Monica, Augustus und Caroline, Augustus und Hazel). Besonders in der Beziehung zwischen Hazel und Augustus wird das Thema altruistischer Liebe thematisiert, die versucht, das Leiden des Partners zu vermeiden.

Drei Beispiele von Freundschaften

**Auseinandersetzung mit eigenem und fremdem Leid**

Die Hauptfiguren des Romans sind permanent mit Leiderfahrungen konfrontiert und müssen eine jeweils individuelle Form des Umgangs damit finden. Während Augustus an metaphysische Kräfte und an ein Weiterleben nach dem Tod glaubt, negiert Hazel ein Weiterleben, hält metaphysische Kräfte aber für durchaus verantwortlich für ihr Leid. Auch die Eltern der beiden müssen jeweils individuelle Bewältigungsstrategien einüben, um sich helfend mit dem Leid ihrer Kinder auseinandersetzen zu können.

Konfrontation und Umgang mit Leid

**Auseinandersetzung mit Glück, Schicksal und dem Sinn des Lebens**

Hazel und Augustus erachten ihr eigenes Leid als sinnlos und können eine Ursache bestenfalls dem „Schicksal", aber keiner religiösen Gottheit zuordnen. Der Vorteil dieser Haltung ist, dass sie – wie der Sisyphos von Albert Camus (vgl. dazu Kap. 5.9 im Materialienteil dieses Bandes) – den Umgang mit diesem Schicksal als eine

Umgang mit Schicksal als rein menschliche Angelegenheit

rein menschliche Angelegenheit betrachten können; Glück und Lebenssinn erfahren sie in der Zuwendung zu anderen Menschen als einem Ausdruck der dem Menschen innewohnenden Anlage zur Humanität.

## 3.4 Personenkonstellation und Charakteristiken

ZUSAMMEN-FASSUNG

Die Hauptpersonen sind:

**Hazel Grace Lancaster:**

→ 16-jähriges Mädchen, leidet unter metastasiertem Schilddrüsenkrebs
→ geht seit drei Jahren nicht mehr zur Schule und hat daher kaum Freunde
→ ist auf einen Sauerstoffapparat angewiesen, den sie immer mit sich herumträgt
→ verliebt sich in Augustus, den sie in der Selbsthilfegruppe kennenlernt
→ besucht zusammen mit ihm den Autor ihr Lieblingsbuches in Amsterdam
→ ist intelligent und desillusioniert-pragmatisch im Hinblick auf die Krebserkrankung

**Augustus Waters:**

→ 17-jähriger Junge, leidet unter Knochenkrebs, der während der Erzählhandlung metastasiert und schließlich sein Leben kostet
→ optimistisch, intelligent, mit Hang zu ironisch-sarkastischen Kommentaren
→ verliebt sich in Hazel
→ stellt den Kontakt zu Peter Van Houten her und reist mit Hazel zu ihm

**Isaac:**

→ Freund von Augustus und Hazel, die er in der Selbsthilfegruppe kennenlernt
→ wird von seiner Freundin Monica kurz vor seiner Augen-OP, die ihn blind macht, verlassen
→ hält eine Grabrede bei der Beerdigung von Augustus

**Mr. und Mrs. Lancaster:**

→ die Mutter von Hazel hat ihr Leben der Betreuung ihrer Tochter gewidmet, begleitet die beiden Teenager nach Amsterdam
→ sie beginnt heimlich eine Ausbildung als Sozialarbeiterin, was am Ende des Romans herauskommt
→ der Vater ist sehr besorgt um seine Tochter, weint immer wieder, wenn er an ihre Erkrankung und die möglichen Folgen denkt

**Mr. und Mrs. Waters:**

→ die Eltern von Augustus sind optimistisch und voller Gottvertrauen
→ sie betonen den starken familiären Zusammenhalt

**Peter Van Houten:**

→ Autor des Buches *Ein herrschaftliches Leiden*, das Hazels Lieblingsbuch ist
→ verliert seine achtjährige Tochter infolge einer Leukämie-Erkrankung
→ verbittert daraufhin, wird Alkoholiker und soziophob

→ weist die beiden Teenager rüde zurück, kommt aber zu Augustus' Beerdigung und zeigt eine gewisse Bereitschaft, sein Verhalten zu ändern

Als Nebenfiguren treten auf:

**Patrick:**
→ der Leiter der Selbsthilfegruppe hatte ebenfalls Krebs und dabei seine Hoden verloren
→ er leitet die Gruppe mit Empathie und Humor

**Lidewij Vliegenthart:**
→ ist die persönliche Assistentin von Peter Van Houten
→ lädt die beiden Teenager nach Amsterdam ein
→ entschuldigt sich für das Verhalten des Schriftstellers und kündigt schließlich

**Kaitlyn:**
→ eine der wenigen Schulfreundinnen, die Hazel geblieben sind
→ ist oberflächlich, aber warmherzig, optimistisch und besorgt

**Caroline Mathers:**
→ die Exfreundin von Augustus stirbt an einem Gehirntumor
→ Augustus lernt sie im Krankenhaus kennen
→ mit der zunehmenden Ausbreitung des Tumors wird ihr Verhalten gegenüber Augustus immer rüder

**Dr. Maria:**
→ die Ärztin von Hazel, die ihr schon mehrfach das Leben gerettet hat
→ unterstützt Hazels Plan, nach Amsterdam zu reisen

FIGURENKONSTELLATION

## Hazel Grace Lancaster

16 Jahre alt, seit drei Jahren Schilddrüsenkrebs

Hazel, die sechzehnjährige Ich-Erzählerin, leidet zu Romanbeginn seit drei Jahren an Schilddrüsenkrebs, Metastasen haben bereits die Lunge befallen, sodass sie auf ständige Versorgung mit Sauerstoff angewiesen ist, den sie auf einem kleinen Wagen hinter sich herzieht und der über zwei Schläuche zu ihrem Naseneingang ge-

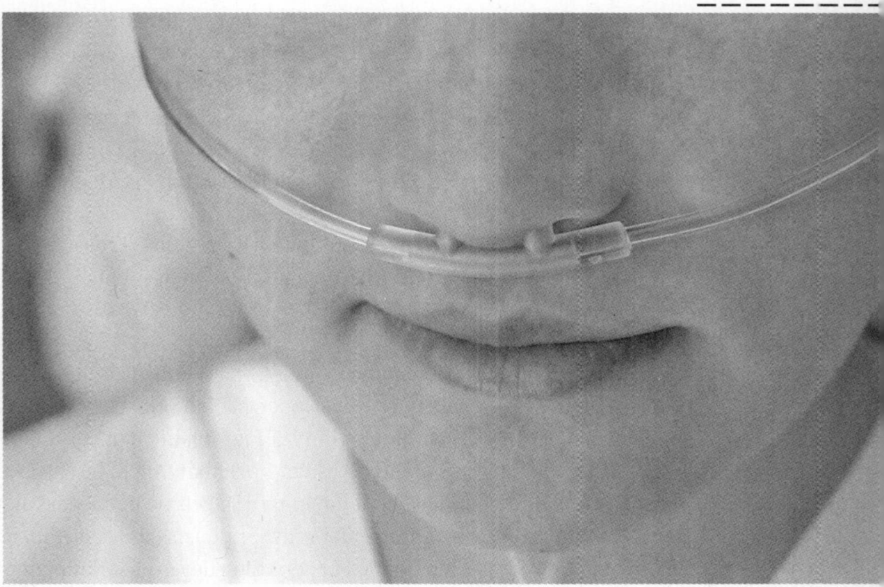

Hazels Sauerstoffschlauch © Fotolia – sudok1

leitet wird. Ihr Aussehen beschreibt sie selbst folgendermaßen: „Ich hatte diesen Bubikopf, den man trägt, wenn man vorher eine Glatze hatte (…). Dazu kamen die grotesk aufgeblasenen Hamsterbacken, noch so eine Nebenwirkung der Behandlung. Ich sah aus wie ein normal gebauter Mensch mit einem Luftballon als Kopf" (S. 15).

Schonungslos subjektiv

So schonungslos subjektiv, wie sie ihr Aussehen beschreibt, so analysiert sie auch ihre eigene gesundheitliche Situation; die absurde Konkurrenzsituation in der Selbsthilfegruppe ist ihr bewusst, in der jeder nicht nur gegen den Krebs, sondern im Hinblick auf die Lebenslänge auch gegen die anderen kämpft, die man unbedingt überleben möchte. Gegenüber ihren Eltern reagiert sie mit Empathie: „Ich wollte meine Eltern glücklich machen. Denn es gibt nur eins auf der Welt, das ätzender ist, als mit sechzehn an Krebs zu sterben, und das ist, ein Kind zu haben, das an Krebs stirbt" (S. 14). Der einzige Grund, weshalb sie noch in die Selbsthilfegruppe geht, ist, ihre Eltern glücklich zu machen.

Da Hazel seit ihrer Krebserkrankung drei Jahre vor Beginn der Romanhandlung nicht mehr zur Schule geht, hat sie keine richtigen Freunde mehr: „Meine besten Freunde waren meine Eltern. Mein drittbester Freund war ein Schriftsteller, der nicht einmal ahnte, dass ich existierte" (S. 19). Statt in die Schule geht sie aufs College (vgl. S. 33).

Hazel beginnt ihre Erzählung mit der Bemerkung, dass ihre Mutter sie für depressiv hält und sie deswegen in eine Selbsthilfegruppe schicken will. Die Beschreibung ihres Tagesablaufs (vgl. S. 9) legt nahe, dass die Mutter mit ihrer Ansicht Recht hat. Auch die sarkastischen und desillusionierten Kommentare Hazels belegen, dass sie sich zu Beginn des Romans in einer schwierigen psychischen Situation befindet. Sie hat ihr eigenes Leben völlig der Krebserkrankung und dem erwarteten Tod untergeordnet – auch ihre Lektüre reduziert sich auf ein Buch, in dem es um ein krebskrankes Mädchen geht. Ihr Kommentar: „Eigentlich ist fast alles eine Nebenwirkung des Sterbens" (S. 9) drückt diese Todesverbundenheit nachdrücklich aus. Die Kommentare über andere Krebskranke fallen zum Teil sehr hart aus.

Sarkastisch und desillusioniert zu Beginn

Als sie Augustus trifft, hat sie sofort Interesse für ihn. Sie möchte ihm gefallen und sich in einem positiven Licht darstellen, insbesondere im Hinblick auf ihre Krebserkrankung: „Auf wandelnde Leichen steht schließlich keiner" (S. 31). Schließlich berichtet sie ihm aber weitgehend ehrlich von ihrer tödlichen Erkrankung, hält sich aber nicht zurück, ein „rosiges Bild" (vgl. S. 33) ihres derzeitigen Zustandes zu malen. Dass sie sich bewusst ist, dass ihr Sprechen über ihre Krankheit intentional und adressatenorientiert ist, zeigt, dass sie über eine gewisse Selbstreflexionsfähigkeit verfügt. Sie präsentiert sich Augustus als ein Mädchen, das „unaufregend" (S. 40) ist und gerne liest, ihr Lieblingsbuch ist Peter Van Houtens *Ein herrschaftliches Leiden*, in dem sie sich verstanden fühlt.

Ein Hindernis dafür, sich ganz auf Augustus einzulassen, besteht in der Angst Hazels, ihn durch ihren Tod traurig zu machen, dies schreibt sie ihm in einer SMS (vgl. S. 113). Dennoch setzen beide die Intensivierung ihrer Freundschaft fort und es wird deutlich, dass Hazel dieser Intensivierung zustimmt. Nach dem ersten Kuss im Anne-Frank-Museum (vgl. S. 217) kommt es zum ersten Geschlechtsverkehr im Hotelzimmer (vgl. S. 221 f.). Am nächsten Tag gesteht Augustus, dass er erneut an Krebs erkrankt sei. Hazel sagt ihm zu, ihn bis zum Ende zu begleiten: „Und es ist mein Privileg und meine Pflicht, mit dir bis ganz nach oben zu fahren" (S. 233).

Hazel entschließt sich, sich auf Augustus einzulassen

Sie erfüllt das Versprechen. In der Generalprobe von Augustus' Beerdigung hält sie eine Grabrede, in der deutlich wird, welche große Bedeutung Augustus für sie hat: „Aber, Gus, meine große Liebe, ich kann dir nicht sagen, wie unendlich dankbar ich für unsere kleine Unendlichkeit bin. Ich würde sie um nichts in der Welt hergeben. Du hast mir mit deinen gezählten Tagen eine Ewigkeit geschenkt, und dafür bin ich dankbar" (S. 278).

Hazels Entwicklungsprozess

Hazel macht einen Entwicklungsprozess durch, der typisch für die Adoleszenzphase ist: War sie zu Beginn noch ein Mädchen, dessen Gedanken vornehmlich um sich selbst kreisten, gewinnt sie durch die Liebeserfahrung mit Augustus eine neue Perspektive auf sich und auf andere Menschen. Zu Beginn des Romans versucht sie noch, Leid zu erklären, und sie verfügt dabei über ein Arsenal schlagfertiger Antworten, die deutlich machen, dass sie eine befriedigende Antwort für sich selbst noch nicht gefunden hat. So reagiert sie als Ich-Erzählerin in Form eines kommentierenden inneren Monologs auf den Spruch „Ohne Leid würden wir nicht wissen, was Freude ist“ (S. 43) mit der bitteren sarkastischen Feststellung: „Ein altes Argument aus dem Feld Gedanken über das Leiden, dessen Dummheit und Stumpfsinn Stoff für hundert Jahre Lästern bot, aber möge hier die Feststellung reichen, dass die Existenz von Brokkoli auch keinen Einfluss auf den Geschmack von Schokolade hat“ (S. 43).

Solche Erklärungsversuche finden sich am Ende nicht mehr; stattdessen akzeptiert sie Leid als vom Schicksal gegebene Tatsache, besinnt sich dann aber auf die Verantwortung als Mensch: „Ich hatte das Gefühl, ich schuldete dem Universum etwas, und ich konnte es ihm nur durch Achtsamkeit zurückzahlen; und außerdem schuldete ich jedem etwas, der kein Mensch mehr sein durfte, und jedem, der noch kein Mensch war“ (S. 313). In diesen Sätzen steckt eine Ahnung davon, was humanes Handeln als ethische Verpflichtung bedeutet. Kurz gefasst könnte man sagen, dass das Ergebnis des Entwicklungsprozesses für Hazel darin besteht, dass sie lernt, ihre egoistische Perspektive gegen eine altruistische Perspektive zu tauschen. Diese Entwicklung deutet sich bereits beim Besuch des Anne-Frank-Hauses an; Hazel verspürt eine Art von Verantwortung gegenüber dem toten jüdischen Mädchen, die sie ihre eigene physische Unzulänglichkeit überwinden lässt. Sie solidarisiert sich mit den nicht weiter beachteten Opfern der nationalsozialistischen Verfolgung in den Niederlanden und möchte für diese Menschen beten:

Altruistische Perspektive anstelle der egoistischen Perspektive

> „Vier Aron Franks ohne Museen, ohne Hinterlassenschaft, ohne eine Öffentlichkeit, die um sie trauerte. Im Stillen beschloss ich, der vier Aaron Franks zu gedenken und für sie zu beten, solange ich noch da war. (Andere brauchen vielleicht einen richtigen

allmächtigen Gott zum Beten, aber ich konnte es auch ohne.)“ (S. 215)

Dass Hazel meint, beim Beten auf einen „richtigen Gott“ verzichten zu können, macht dem Leser erneut die begrenzte und daher nicht ganz vertrauenswürdige Ich-Perspektive eines adoleszierenden Erzählers deutlich.

Man kann Hazels Entwicklungsprozess auch noch an einem anderen Punkt nachvollziehen: *Ein herrschaftliches Leiden* spielt bis zur Reise nach Amsterdam eine zentrale Rolle in Hazels Leben, die ständige wiederholte und explizit identifikatorische Lektüre zeigt (vgl. S. 57–59), dass sie sich letztlich immer wieder mit ihrem eigenen Leid befasst. Nach der Amsterdam-Reise wird das Buch kaum noch erwähnt, und auch nach dem Tod ihres Freundes spielt es keine Rolle mehr, explizit weist sie Van Houten nach der Beerdigung darauf hin, dass sie kein Interesse habe, das Ende des Romans zu erfahren. Diese Marginalisierung lässt sich damit begründen, dass Hazel eine andere Perspektive gewonnen hat, die ihr eigenes Leid nicht im Mittelpunkt sieht.

Gewinn einer neuen Perspektive

## Augustus Waters (genannt „Gus“)

17 Jahre alt, vor anderthalb Jahren Knochenkrebs

Augustus wird von der Ich-Erzählerin bereits kurz nach dem Erzählbeginn eingeführt, als sie von dem Gruppentreffen berichtet, in dem sie ihn kennenlernt. Aus dieser Erzählung stammt eine Beschreibung seiner äußeren Gestalt: „Er war groß und schlaksig (…). Sein Haar war kastanienbraun, glatt und kurz“ (S. 15). Augustus ist 17 Jahre alt, 18 Monate vor Beginn der Romanhandlung wird bei ihm Knochenkrebs diagnostiziert, den er bei seiner Vorstellung in der Selbsthilfegruppe verharmlosend als „leichten Anflug eines Osteosarkoms“ (S. 18) beschreibt. Nach der Beinamputation scheint er krebsfrei zu sein.

Macht oft ironische und sarkastische Bemerkungen

Augustus neigt zu ironischen und sarkastischen Bemerkungen, den Anblick des wild sich küssenden Liebespaares Isaac und Monica kommentiert er mit den Worten: „Ich versuche hier den Anblick junger Liebe in ihrer wunderbaren Ungelenkigkeit zu genießen" (S. 26).

Schlechter Autofahrer durch Holzbein

Augustus ist ein schlechter Autofahrer, weil er mit seinem Holzbein einfach kein Gefühl beim Anfahren und Bremsen hat (vgl. S. 29 f.). Auch gegenüber seiner Familie offenbart er die Fähigkeit zur Selbstironie: „Ich kann es nur nicht zugeben, weil ich ein Teenager bin" (S. 35) antwortet er auf die Frage seines Vaters, ob es ihm in der Selbsthilfegruppe gefallen habe.

War früher Basketballspieler

Augustus hat vor seiner Erkrankung Basketball gespielt und besitzt zahlreiche Trophäen und Memorabilien (vgl. S. 37), bis ihm die Absurdität des Sports bewusst wird: „Auf einmal kam es mir wie die bescheuertste Sache der Welt vor" (S. 37). Dies geschieht in dem Moment, als die Diagnose erstellt und der Operationstermin anberaumt worden sind (vgl. S. 39).

Sein Lieblingsbuch ist die Romanversion des Videospiels *Preis der Morgenröte* (vgl. S. 42), eine große Affinität hat er zu gewalttätigen Computerspielen wie *Modern Warfare*, die er am liebsten mit seinem Freund Isaac spielt.

Altruistisch

Ein anderer Wesenszug ist sein Altruismus: Selbst als er von seiner Freundin Caroline schlecht behandelt wird, beendet er die Beziehung nicht, sondern erklärt ihr Verhalten mit dem fortschreitenden Gehirntumor (vgl. S. 187 f.). Hazel Grace schenkt er den eigenen Wunsch bei der Feenstiftung, was es ermöglicht, nach Amsterdam zu Peter Van Houten zu fahren. Hazel Grace hält die Welt nicht für eine „Wunscherfüllmaschine" (S. 121), doch Augustus ist bereit, ihr den sehnlichsten Wunsch tatsächlich durch seine Spende zu erfüllen.

Seiner eigenen Erkrankung steht er völlig illusionslos gegenüber: „Gegen wen führe ich Krieg? Gegen den Krebs. Und woraus besteht der Krebs? Aus mir. Die Tumoren gehören zu mir. Sie gehören genauso zu mir wie mein Gehirn und mein Herz. Es ist ein Bürgerkrieg, Hazel Grace, ein abgekarteter Bürgerkrieg, bei dem der Sieger feststeht" (S. 232). Dennoch verliert er auch in dieser Situation seinen Humor nicht: „Er lächelte. Galgenhumor. ‚Ich sitze in einer Achterbahn, auf der es immer nur aufwärtsgeht'" (S. 233). Mit fortschreitender Krankheit wird Augustus immer schwächer und leidet ganz offenkundig, auch wenn er versucht, seinen Humor beizubehalten:

Illusionslos und klarsichtig

> „Gemäß der Konvention des Genres behielt Augustus Waters bis zuletzt seinen Sinn für Humor, ließ keinen Moment in seiner Tapferkeit nach, und sein Geist erhob sich über die Trübsal wie ein unbezwingbarer Adler, bis die Welt selbst seine freudige Seele nicht mehr halten konnte.
> Doch das hier war die Wahrheit, ein bemitleidenswerter Junge, der sich verzweifelt dagegen wehrte, bemitleidenswert zu sein, der heulte und schrie, mit einer vergifteten, entzündeten PEG-Sonde im Bauch, die ihn am Leben hielt, aber nicht lebendig" (S. 262).

Augustus denkt häufig über den Sinn des Lebens nach, er möchte nach dem Tod nicht vergessen werden, sein Leben oder sein Tod sollen eine Bedeutung haben: „Wenn man sein Leben schon nicht einem höheren Zweck gewidmet hat, muss wenigstens der Tod einem höheren Zweck dienen, verstehst du? Und ich fürchte mich davor, dass mir weder ein Leben noch ein Tod bestimmt ist, der irgendwelche Bedeutung hat" (S. 180). In dem letzten Brief, den Augustus an Peter Van Houten schreibt und den Hazel durch Lide-

Möchte nicht vergessen werden

wij Vliegenthart erhält, thematisiert er nochmals die Angst vor dem Vergessen-Werden und den Wunsch, ein Zeichen zu hinterlassen (vgl. S. 330). Dieses Zeichen sieht er nun durch die Liebe Hazels gesetzt: „Aber dann wieder wollte ich mehr Zeit mit ihr, damit wir uns ineinander verlieben konnten. Der Wunsch wurde mir erfüllt, schätze ich. Ich habe meine Narbe hinterlassen“ (S. 332 f.).

Im selben Brief setzt sich Augustus auch mit „Heldentum“ auseinander und definiert „Achtsamkeit“ als wesentliches Merkmal eines Helden:

> „Jedenfalls sind die wahren Helden nicht die Leute, die Sachen tun; die wahren Helden sind die, die Dingen BEMERKEN, die AUFMERKSAM sind. Der Typ, der die Pockenimpfung erfunden hat, hat eigentlich nichts neu erfunden. Er hat nur bemerkt, dass Leute mit Kuhpocken keine echten Pocken bekamen“ (S. 332).

Augustus hinterlässt ein Zeichen bei Hazel

„Achtsamkeit“ im Hinblick auf die Bedürfnisse anderer Menschen ist ein Merkmal altruistischen, humanen Handelns; was Augustus in seinem eigenen Leben bereits praktiziert (Achtsamkeit im Hinblick auf die Bedürfnisse Carolines, Hazels und Isaacs) und was bei Hazel zunächst nur im Hinblick auf ihre Eltern verfügbar war, wird für Hazel zu einem ethischen Appell, den sie wahrnimmt: „Ich hatte das Gefühl, ich schuldete dem Universum etwas, und ich konnte es ihm nur durch Achtsamkeit zurückzahlen; und außerdem schuldete ich jedem etwas, der kein Mensch mehr sein durfte, und jedem, der noch kein Mensch war“ (S. 313). Mit dieser ethischen Grundhaltung hinterlässt Augustus in der Tat ein Zeichen bei Hazel.

## Isaac

Augenkrebs, wird blind

Isaac ist ein Freund von Augustus, er hat eine seltene Form von Augenkrebs, weshalb ihm nach und nach beide Augen entfernt werden müssen. Hazel lernt beide in der Selbsthilfegruppe kennen. Nach der Trennung von seiner Freundin Monica, die ihn wegen seiner bevorstehenden Augen-OP verlässt, ist er verzweifelt und verbringt die Zeit mit Computerspielen. Im weiteren Verlauf des Romans gelingt es ihm, sich mit seiner neuen Lebenssituation zu arrangieren. Die vorgezogene Grabrede, die er für Augustus hält, zeigt, wie tief die Freundschaft zwischen den beiden Jungen ist (vgl. S. 275 f.).

Tiefe Freundschaft zu Augustus

## Peter Van Houten

Amerikanischer Schriftsteller, der in Amsterdam wohnt

Peter Van Houten stammt aus einer berühmten Familie; seine Vorfahren begründeten den Ruhm des gleichnamigen Kakaos; er selbst wird von seiner Assistentin als „Blamage für eine große Familie" (S. 210) beschrieben. Seine äußere Erscheinung wird durch die Perspektive Hazels geschildert: Er hat einen dicken Bauch, dünne Beine und Arme, ist unrasiert, hat einen aufgedunsenen Kopf (vgl. S. 192), ein „schwabbelige(s) Doppelkinn" (S. 206) und hässliche Füße (vgl. S. 198). Er ist offensichtlich Amerikaner (vgl. S. 193), hat aber ein gespanntes Verhältnis zu seinem Vaterland. Die Tatsache, dass er morgens bereits Whisky trinkt, zeigt, dass er Alkoholiker ist (vgl. S. 196).

Van Houten verfügt offenkundig über tiefer gehende Kenntnisse in der Literatur und der Philosophie (vgl. S. 199); Green lässt ihn die Worte schreiben, die er zum Titel seines Romans macht: „(…) Shakespeare lag nie falscher, als er Cassius sagen ließ: ‚Nicht durch die Schuld der Sterne, lieber Brutus, / Durch eigne Schuld nur sind wir Schwächlinge …'" (S. 123). Daraus ergibt sich, dass auch Van Houten durchaus dem Schicksal die Verantwortung für menschliches Leid zuspricht.

Sein markantes Wesensmerkmal fasst Hazel in dem Ausdruck „egozentrischer Fiesling" (S. 198) zusammen. Er ist völlig desillusioniert und möchte Anstandsregeln nicht befolgen. Sein Hin-

„Egozentrischer Fiesling"

weis, dass die beiden krebskranken Kinder eine Fehlentwicklung der Natur seien, ist ein Beispiel für die Missachtung grundlegender Regeln der Kommunikation, aber auch für seine tiefe Menschenverachtung; gleichzeitig lässt er sich vor dem Hintergrund, dass er seine eigene Tochter wegen Leukämie verlor, auch als Zeichen tiefer Enttäuschung und Verzweiflung sehen:

> „Kranke Kinder werden unweigerlich zum Stillstand gebracht: Es ist euer Schicksal, euer ganzes Leben als das Kind zu leben, das ihr wart, als die Diagnose kam, das Kind, das daran glaubte, es gebe ein Leben nach dem Romanende. Und wir Erwachsene haben Mitleid mit euch, deshalb zahlen wir für eure Behandlung, für eure Sauerstoffmaschinen. Wir versorgen euch mit Essen und Trinken, obwohl es nicht wahrscheinlich ist, dass ihr lang genug lebt (…). Ihr seid ein gescheitertes Experiment der Mutation" (S. 205).

Obgleich Van Houten die beiden Teenager rüde zurückweist, kommt er zu Augustus' Beerdigung und verrät verklausuliert mit dem Satz „Omnis cellula e cellula" (S. 295) den weiteren Verlauf von *Ein herrschaftliches Leiden*. Damit deutet er an, dass das Leben im Roman weitergehen würde; allerdings hat Hazel kein Interesse mehr, beschimpft ihn und wirft ihn aus dem Wagen, was ihr gleich darauf leidtut (vgl. S. 296). Einige Tage später erscheint Van Houten erneut bei Hazel und entschuldigt sich in aller Form für sein Verhalten in Amsterdam (vgl. S. 304). Er erzählt, dass er 22 Jahre zuvor seine Tochter verloren hat, die als achtjähriges Mädchen an Leukämie starb. Mit dem Roman *Ein herrschaftliches Leiden* schafft er sich zumindest fiktiv eine Verlängerung ihres Lebens; es gelingt ihm allerdings nicht, die eigene Trauer durch die Niederschrift zu bewältigen.

Schrieb Roman zur Bewältigung des Todes seiner Tochter

Hazel rät ihm, sich auf das zu konzentrieren, was er wirklich könne, nämlich das Schreiben von Romanen (vgl. S. 306), als er aussteigt, wünscht sie ihm alles Gute: Van Houten schafft es bis zum Ende des Romans nicht, von seiner Trunksucht loszukommen (vgl. S. 328).

Die narrative Funktion Van Houtens ließe sich so beschreiben: Van Houten wird von Hazel zunächst in idealer Weise verklärt, seine Existenz und der Wunsch, ihn zu sehen, knüpfen den Spannungsbogen bis hin zu der Reise nach Amsterdam. Als Hazel seinen wahren Charakter erkennt, wird sie auf sich selbst zurückgeworfen und muss begreifen, dass sie die Lösung ihrer Probleme nur von sich selbst erwarten kann. Als sie Van Houten wiedertrifft, hat sie einen Entwicklungsschritt getan im Hinblick auf die Praxis humanen Handelns gegenüber notleidenden Menschen. Dass sie Van Houten nicht helfen kann, seine Verzweiflung über den Tod der Tochter zu überwinden, ist eine realistische Erfahrung. Gleichwohl befindet sich bei Van Houten der letzte Brief des Augustus, der ein bedeutendes Dokument ihrer Liebe ist.

## Mr. und Mrs. Lancaster

Die Eltern von Hazel lernten sich auf Papua-Neuguinea beim Peace Corps kennen (vgl. S. 73). Sie sorgen sich sehr um ihre Tochter und bitten Augustus darum, Rücksicht zu nehmen (vgl. S. 93). Hazels Mutter hat ihr Leben der Betreuung ihrer Tochter gewidmet und begleitet die beiden Teenager nach Amsterdam. Daneben beginnt sie heimlich eine Ausbildung als Sozialarbeiterin, da sie kranken Kindern und Jugendlichen professionell helfen möchte. Hazels Vater ist sehr besorgt um seine Tochter, er weint immer wieder, wenn er an ihre Erkrankung und die möglichen Folgen denkt.

Inniges Familienverhältnis

Das Verhältnis zu den Eltern ist innig; dies wird nach dem Tod von Augustus deutlich:

„Aber sie fragte immer weiter, als gäbe es etwas, das sie tun konnte, bis ich am Ende über das Sofa auf ihren Schoß kroch und mein Vater sich zu uns setzte und meine Beine ganz fest hielt und ich die Arme um Moms Taille schlang und sie mich einfach nur hielten, stundenlang, während die Flut hereinströmte" (S. 285).

## Mr. und Mrs. Waters

Voller Gottvertrauen

Die Eltern von Augustus sind optimistisch und voller Gottvertrauen, die Krankheit ihres Sohnes verstärkt den familiären Zusammenhalt: In ihrem Haus finden sich Schilder mit Aufschriften wie „Familie für immer" (S. 34), „Wahre Liebe erträgt jede Not" (ebd.) oder auch „Ohne Leid würden wir nicht wissen, was Freude ist" (S. 43), was zumindest einen populärphilosophischen Versuch darstellt, den Grund für Leid zu erklären.

## Patrick

Leiter der Selbsthilfegruppe, hatte Hodenkrebs

Patrick kommt im 1., 9. und 24. Kapitel vor. Er ist der Leiter der christlichen Selbsthilfegruppe, die Hazel besucht. Patrick wird von Hazel beschrieben: Er hatte ebenfalls Krebs und dabei seine Hoden verloren, offenbar ist er geschieden und verbringt seine Zeit mit Computerspielen (vgl. S. 10). Neben der Tätigkeit in der Selbsthilfegruppe studiert er. Hazel charakterisiert ihn spöttisch, wenn sie meint, der Krebs habe ihm das gelassen, „was nur die barmherzigste Seele ein Leben nennen würde" (S. 11). Patrick leitet die Gruppe mit viel Empathie, aber auch Humor. Er fragt Hazel am Ende des Romans, warum sie nicht sterbe, woraufhin Hazel klar wird, dass sie eine Verantwortung für humanes Handeln zu tragen hat (vgl. S. 313).

## Lidewij Vliegenthart

Im Roman tritt sie erstmals in Erscheinung, als sie im Auftrag von Peter Van Houten eine Antwortmail an Augustus schickt (vgl. S. 76 ff.). Sie arbeitet als seine persönliche Assistentin und organisiert den Tagesablauf des alkoholkranken Schriftstellers. Als Hazel und Augustus in Amsterdam sind, überzeugt sie ihn, die beiden Jugendlichen ins Haus zu lassen (vgl. S. 193 f.). Vliegenthart ist eine höfliche Frau, der das Verhalten Van Houtens peinlich ist und die schließlich ihre Kündigung ausspricht, nachdem Van Houten die Jugendlichen beleidigt hat (vgl. S. 205). Nach ihrer Kündigung überredet sie beide zu einem Besuch des Anne-Frank-Museums. Vliegenthart tritt am Ende des Romans nochmals auf, da sie es ist, die den letzten Brief von Augustus im Stapel der unbeantworteten Fanpost Van Houtens findet und ihn ihr schickt.

Assistentin von Peter Van Houten

Höflich, herzlich und besorgt

## Kaitlyn

Kaitlyn ist eine der wenigen Schulfreundinnen, die Hazel geblieben sind. Hazel beschreibt sie als „eine überaus kultivierte fünfundzwanzigjährige Britin, die zufällig im Körper eines sechzehnjährigen Mädchens aus Indianapolis steckte" (S. 50). Sie macht einen oberflächlichen Eindruck, ist auf Äußeres bedacht und perfekt nach der neuesten Mode gekleidet, dabei aber warmherzig, optimistisch und besorgt.

Freundin von Hazel

Warmherzig, optimistisch und besorgt

## Caroline Mathers

Sie ist die Exfreundin von Augustus. Augustus lernt sie in dem Krankenhaus kennen, in dem sein Bein amputiert wird. Während ihres Aufenthaltes in Amsterdam erzählt er Hazel, dass er sie immer auf dem Spielplatz vor dem Krankenhaus gesehen habe (vgl. S. 184).

Augustus und Caroline freunden sich an, allerdings wird ihr Zustand aufgrund ihres fortschreitenden Gehirntumors immer schwie-

Exfreundin von Augustus, stirbt an einem Gehirntumor

riger, sie wird zunehmend unberechenbar, was sich auch in beleidigenden Ausfällen gegenüber Augustus zeigt. Dennoch bleibt Augustus bis zu ihrem Tod an ihrer Seite, denn: „(…) ein Mädchen mit einem Hirntumor kann man nicht einfach sitzen lassen“ (S. 187).

### Dr. Maria

Hazels Ärztin, realistisch

Sie ist die Ärztin von Hazel, die ihr schon mehrfach das Leben gerettet hat, erstmals wird auf S. 32 davon berichtete, dass es ihr gelungen ist, einen Teil der Flüssigkeit aus Hazels Lunge abzusaugen. Dr. Maria ist auch diejenige, die Hazels Plan einer Reise nach Amsterdam trotz des schlechten Gesundheitszustandes unterstützt (vgl. S. 139).

## 3.5 Sachliche und sprachliche Erläuterungen

| | | |
|---|---|---|
| Original-Titel | ***The Fault in Our Stars*** | Das Zitat stammt aus dem Drama *Julius Caesar* von William Shakespeare. Cassius spricht zu Brutus: „Nicht durch die Schuld der Sterne, lieber Brutus, / Durch eigne Schuld nur sind wir Schwächlinge" (*Julius Caesar* I, 2). |
| S. 9 | **Depression** | psychische Erkrankung, die sich in Niedergeschlagenheit, aber auch im Verlust jeglicher Stimmungsfähigkeit äußert |
| S. 11 | **Damoklesschwert** | Damokles lebte wahrscheinlich im 4. Jahrhundert v. Chr. am Hof des Dionysios I. oder Dionysios II. von Syrakus. Einer Überlieferung bei Cicero folgend, wurde er wegen seiner ständigen Unzufriedenheit von seinem Herrn auf die Probe gestellt: Dazu wurde er zu einem Festmahl eingeladen, über seinem Platz wurde ein Schwert an einem Rosshaar direkt über seinem Kopf befestigt. Auf diese Weise lernte Damokles, dass es Wichtigeres als Wohlstand gibt. |
| S. 13 | ***America's Next Top Model*** | seit 2003 in Amerika ausgestrahltes Vorbild der auch in anderen Ländern außerhalb Amerikas produzierten „Top-Model-Shows", bei der sich Frauen einen Wettkampf um eine gute Ausgangsposition für eine Karriere in der Modebranche liefern |
| S. 18 | **Osteosarkom** | bösartiger Knochentumor |
| | **Schilddrüse** | Hormondrüse am Hals, die eine wichtige Rolle für den Energiestoffwechsel und das Zellwachstum spielt |
| S. 20 | **Peter Van Houten** | fiktiver Autor |

| | | |
|---|---|---|
| | ***Ein herrschaftliches Leiden*** | Titel des fiktiven Romans Peter Van Houtens (im englischen Original *An imperial affliction*), als Zitat stammt es aus dem Gedicht *There's a certain Slant of light* (1862) von Emily Dickinson (1830–1886), vgl. dazu Kap. 5.7 im Materialienteil dieses Bandes |
| S. 22 | **Koryphäe** | (griech. *koryphé*, „Spitze, Gipfel") bezeichnet eine in ihrem Fachgebiet herausragende Persönlichkeit |
| S. 23 | ***Modern Warfare*** | *Call of Duty 4: Modern Warfare* ist ein Ego-Shooter-Spiel, das 2007 auf den Markt kam und die *Call of Duty*-Reihe fortsetzte. |
| S. 24 | **Natalie Portman** | amerikanische Schauspielerin (geb. 1981), die in Filmen wie *Black Swan* (als Nina Sayers), *Star Wars* (als Königin Amidala), *Thor* (als Jane Foster) oder *V wie Vendetta* (als Evey Hammond) mitwirkte |
| | ***V wie Vendetta*** | Comicverfilmung aus dem Jahre 2006, Regie: James McTeigue, Drehbuch: Wachowski-Geschwister |
| S. 28 | **Metapher** | (griech. „Übertragung") Form des uneigentlichen Sprechens, bildhafter Ausdruck ohne Vergleichspartikel |
| S. 29 | **Autofahrer** | In einigen Staaten der USA kann der Führerschein bereits mit 16 Jahren erworben werden. |
| S. 32 | **Phalanxifor** | fiktives Medikament zur Krebstherapie |
| S. 33 | **College** | Hochschule |
| S. 36 | **Enchiladas** | mexikanisches Gericht, bestehend aus meist mit Fleisch gefüllten Tortillas |
| S. 37 | **Midrange Jumper** | Fachbegriff aus dem Basketball, der einen Wurf aus der Halbdistanz, also innerhalb des Wurfkreises vor dem Korb, bezeichnet |

| | | |
|---|---|---|
| S. 38 | **viktorianische Lady** | Frau, die im Stil gekleidet ist, wie er während der Regierungszeit (1837–1901) der briti-schen Königin Viktoria üblich war |
| S. 41 | ***Preis der Morgenröte*** | fiktiver Roman |
| S. 43 | ***The Hectic Glow*** | fiktive Musikband |
| S. 47 | **Donnerstag, 29. 3.** | wichtiges Datum für die Erstellung der Zeitstruktur, das die Zuordnung des Romans zum Jahr 2012 ermöglicht |
| S. 48 | **Frederick Douglass** | (1817/18–1895), amerikanischer Schriftsteller und Politiker, der sich gegen die Sklaverei einsetzte |
| S. 49 | ***Mitternachts-dämmerung*** | fiktiver Roman, Fortsetzung von *Preis der Morgenröte* |
| | ***Requiem für Mayhem*** | fiktiver Roman, Fortsetzung von *Preis der Morgenröte* |
| | **Food-Court** | meist überdachter Ort, an dem sich Garküchen, Imbissstände oder Lokale versammeln |
| S. 51 | **Peeptoe-Ballerinas** | flacher Damenschuh, der nach vorne verjüngt ist und an seiner Spitze charakteristische Öffnungen für die Zehen aufweist |
| S. 52 | **Dysmorpho-phobie** | Störung der eigenen Köperwahrnehmung |
| S. 61 | **Sylvia Plath** | (1932–1963), amerikanische Lyrikerin, wurde posthum zur Symbolfigur der Frauenbewegung |
| S. 73 | **Peace Corps** | seit 1961 existierendes amerikanisches Programm, bei dem sich Freiwillige verpflichten, für 27 Monate im Ausland tätig zu sein und dabei nicht nur als Fachkraft zu arbeiten, sondern das gegenseitige Verständnis zu fördern |

| | | |
|---|---|---|
| S. 74 | **PET-Scan** | Positronen-Emissions-Tomographie, bildgebendes Verfahren, bei dem Gewebe mittels eines schwach radioaktiven Kontrastmittels sichtbar gemacht wird |
| S. 95 | **Indianapolis** | Hauptstadt des Bundesstaates Indiana |
| S. 125 | **BiPAP-Gerät** | (engl. „Biphasic Positive Airway Pressure"), ein Gerät, das die Atmung unterstützt |
| S. 137 | **Feenstiftung** | fiktive Stiftung, die sich um die Wünsche krebskranker Kinder kümmert; in Deutschland existiert eine reale Stiftung, die sich dieser Aufgabe widmet: http://www.strahlemaennchen.de/ |
| S. 143 | ***Deception*** | ein fiktives Action-Videospiel |
| S. 147 | **Dayton** | Stadt in Ohio/USA |
| | **Morris Property Inc.** | Immobilienverwaltungsfirma |
| S. 150 | **Polohemd** | klassisches Kurzarmhemd mit geripptem Kragen und Bündchen |
| | **Buttondown** | Hemd, bei dem der Kragen mittels Knöpfen am Hemd fixiert ist; typisches Freizeithemd, das ohne Krawatte getragen wird |
| S. 152 | **Rubikon** | italienischer Fluss; steht in übertragenem Sinne für eine getroffene Entscheidung, die keine Revision mehr zulässt. |
| S. 154 | **Gettoisierung** | zunehmende Homogenisierung bestimmter Bevölkerungsgruppen in einem abgegrenzten Raum |
| S. 157 | **Charismatiker** | In allgemeinsprachlicher Bedeutung bezeichnet der Begriff einen besonders begabten Menschen mit einer großen Ausstrahlung; im theologischen Sinne versteht man darunter Gläubige, die an die Wirkung der Gaben des Heiligen Geistes glauben (z. B. Wunder, Zungenreden). |

| | | |
|---|---|---|
| S. 164 | ***Howl*** | das bekannteste Gedicht von Allen Ginsberg |
| | **Allen Ginsberg** | (1926–1997), amerikanischer Schriftsteller, der zur sogenannten „Beat Generation" zählt |
| | ***Angel Dust*** | umgangssprachliche Bezeichnung für Phencyclidin, eine Droge, die Halluzinationen hervorruft und zu schwerer Abhängigkeit im Zusammenspiel mit Hirnschädigungen führen kann |
| S. 165 | **Kaschemme** | Bezeichnung für ein heruntergekommenes Wirtshaus mit einem schlechten Leumund |
| S. 167 | **Oosthuizen** | Dorf in der niederländischen Provinz Nordholland |
| | **Haarlem** | Hauptstadt der niederländischen Provinz Nordholland |
| S. 168 | **Søren Kierkegaard** | (1813–1855), dänischer Theologe und Philosoph, wird oft als Wegbereiter der Existenzphilosophie angesehen |
| | **Martin Heidegger** | (1889–1976), deutscher Philosoph und Vertreter der Existenzphilosophie |
| | **Paisleysessel** | Sessel, der mit einem Stoff bezogen ist, der ein Paisleymuster trägt (spitz zulaufende blattähnliche abstrakte Figuren) |
| | **Vondelpark** | Park in Amsterdam |
| S. 172 | ***iepen*** | niederl. Ulmen (Laubbäume) |
| S. 175 | ***Prufrock*** | Gedicht von T. S. Eliot (1888–1965), 1915 in einer Zeitschrift, 1917 in Buchform publiziert; die ersten Zeilen des Gedichts zitiert Hazel S. 164 f. |
| S. 190 | **René Magritte** | (1898–1967), belgischer Maler des Surrealismus |
| S. 199 | **Zenon von Elea** | (ca. 490–430), griechischer Philosoph, Schüler des Parmenides, wird zu den Vorsokratikern gezählt |

| | | |
|---|---|---|
| | **Parmenides** | (ca.520–455), griechischer Philosoph, wird zu den Vorsokratikern gezählt |
| S. 203 | **Dr. T. J. Eckleburg** | Figur im Roman *The Great Gatsby*, seine Augen auf einer Werbetafel sind ein Symbol für die zunehmende Kommerzialisierung des Lebens |
| | ***The Great Gatsby*** | bedeutendes Werk der amerikanischen Moderne, verfasst von F. Scott Fitzgerald (1896–1940) |
| S. 206 | **Marcel Proust** | französischer Schriftsteller (1871–1922), Autor von *Auf der Suche nach der verlorenen Zeit*, eines der wichtigsten Romane des 20. Jahrhunderts |
| | **Holden Caulfield** | Protagonist des Romans *Der Fänger im Roggen* (1951) von J. D. Salinger (1919–2010), gilt als Paradigma des modernen Adoleszenzromans |
| | **Huckleberry Finn** | Held des Jugendromans *Die Abenteuer des Huckleberry Finn* (1884) des amerikanischen Autors Mark Twain (1835–1910) |
| S. 209 | **Anne-Frank-Huis** | Museum in Amsterdam (Prinsengracht 263–267), das dem Holocaust-Opfer Anne Frank gewidmet ist; Anne Frank (1929-1945) lebte mit ihrer Familie zwei Jahre lang in einem Versteck in Amsterdam, bevor sie von der Gestapo entdeckt und in das Konzentrationslager Bergen-Belsen deportiert wurde, wo sie kurz vor der Befreiung durch britische Truppen an Typhus starb. |
| S. 226 | **Abraham Maslow** | (1908–1970), amerikanischer Psychologe, der v. a. durch seine hierarchische Darstellung menschlicher Bedürfnisse Bekanntheit erlangte („Bedürfnispyramide", vgl. S. 227) |
| S. 239 | **Fourier-Transformation** | mathematische Funktion, benannt nach Jean Baptiste Joseph Fourier (1768–1830) |

| | | |
|---|---|---|
| S. 250 | **Winnie Puuh** | Hauptfigur aus dem gleichnamigen Kinderbuch (1926) des englischen Autors Alan Alexander Milne (1882–1956) |
| S. 253 | **PEG-Sonde** | perkutane endoskopische Gastrostomie, künstlicher Zugang zum Magen durch die Bauchdecke |
| S. 295 | **„Omnis cellula e cellula“** | von Rudolf Virchow (1855) beschriebene Gesetzmäßigkeit, die besagt, dass Zellen stets aus Zellen hervorgehen |
| S. 303 | **Antonietta Meo** | (1930–1937), italienisches Mädchen, das im Alter von fünf Jahren an Knochenkrebs erkrankte und das wegen seiner tiefen Gläubigkeit bekannt wurde |
| S. 305 | **Philippa Foot** | britische Philosophin (1920–2010) |
| | **Trolley-Problem** | Das Trolley-Problem von Philippa Foot besteht in dem Dilemma, ob es ethisch erlaubt ist, eine außer Kontrolle geratene Straßenbahn, die sicher fünf Menschen töten würde, durch das Umstellen einer Weiche auf ein Gleis zu leiten, auf dem nur ein Mensch getötet würde. |
| S. 309 | **Toni Morrison** | (geb. 1931), amerikanische Schriftstellerin |
| | ***Sehr blaue Augen*** | 1970 erschienener, erster Roman von Toni Morrison |
| S. 316 | **Fernstudium** | Studienorganisation, bei der auf Präsenzveranstaltungen weitgehend verzichtet wird und die Studierenden nur zum Ablegen von Prüfungen in der Universität erscheinen müssen |

## 3.6 Stil und Sprache

ZUSAMMENFASSUNG

Der ursprünglich in Englisch verfasste Roman ist in seiner deutschen Übersetzung der alltäglichen Standardsprache nachempfunden, gelegentlich finden sich umgangssprachliche Wendungen, vorzugsweise in den Dialogpartien. Darüber hinaus findet sich in besonders nahegehenden Stellen das erzählerische Mittel des Bewusstseinsstroms, einmontiert sind lyrische Texte, Schaubilder und Skizzen. Das Vokabular stammt zum Teil aus der medizinischen Fachsprache.

### Narrative Struktur

Chronologisch-lineare Schilde rung der Abläufe

Analepsen (Rückblicke)

Zeitraffendes Erzählen

Zeitdeckendes Erzählen

Die narrative Struktur ist durch eine chronologisch-lineare Schilderung der Abläufe gekennzeichnet. Am Anfang des Romans finden sich Analepsen (Rückblicke) vor allem in der Art eines Erzählerberichts, wenn die Erzählerin den Beginn ihrer drei Jahre zuvor begonnenen Erkrankung schildert (vgl. S. 31). Im Roman selbst herrscht überwiegend zeitraffendes Erzählen vor, das heißt, dass die Erzählzeit kürzer ist als die erzählte Zeit. In den Dialogstellen finden sich Beispiele für zeitdeckendes Erzählen. Die erzählte Zeit umfasst ein knappes halbes Jahr: Am Mittwoch, 28. März, lernen sich Hazel und Augustus in der Selbsthilfegruppe kennen; der Tod von Augustus ereignet sich an einem Dienstag Anfang Juli desselben Jahres, 12 Tage nach seinem Tod endet der Roman am 14. Juli.

### Erzählperspektive

Homodiegetisches Erzählen

Autodiegetisches Erzählen

Literaturwissenschaftlich betrachtet handelt es sich um ein homodiegetisches Erzählen, d. h., der Erzähler ist Teil der erzählten Welt und sogar die Hauptperson, die in der Ich-Perspektive erzählt (=

autodiegetisches Erzählen). Die Ereignisse sind aus der Perspektive einer Figur dargestellt (= interne Fokalisierung), erzählt wird, was sich gleichzeitig ereignet (= gleichzeitiges Erzählen).

Der Vorteil dieser Erzählweise ist ein unverstellter Blick auf die Gefühle und Gedanken der weiblichen Protagonistin, was als attraktives Identifikationsangebot für den Leser aufgefasst werden kann; allerdings bedeutet das auch, dass der Leser nur ihre Sichtweise kennt, dass die anderen Figuren ebenfalls nur durch ihren Blick wahrgenommen werden können und dass man sich als Leser dazu aufraffen muss, die Aussagen der Erzählerin auch immer wieder in Frage zu stellen. Das Misstrauen gegenüber der Erzählerin wird schon auf der ersten Seite des Romans angelegt, als die Erzählerin nach wenigen Sätzen behauptet, dass Krebs und darüber hinaus fast alles eine Nebenwirkung des Sterbens sei (vgl. S. 9). Eine Erklärung dieser geheimnisvollen Aussage bleibt sie schuldig. Ein weiteres Beispiel findet sich auf S. 20, wo Hazel Peter Van Houten als ihren „drittbeste(n) Freund“ (S. 19) bezeichnet, eine Behauptung, die sich im weiteren Verlauf des Romans als unwahr herausstellt.

## Stil und Sprache

Poetisch gestaltete Alltagssprache mit lyrischen Elementen und Dialogpartien

Die verwendete Sprache ist praktisch frei von jugendsprachlichen Elementen oder Slang-Ausdrücken. Insofern handelt es sich um eine poetisch gestaltete Alltagssprache, die zuweilen auch lyrische Elemente enthält, insbesondere dort, wo Gedichte zitiert werden. Auch die Dialogpartien werden eher von konzeptioneller Schriftlichkeit geprägt, da sie typische Eigenschaften der Mündlichkeit wie fehlerhafte Nebensatzbildungen, unvollständige Syntagmen, Neologismen oder eine Häufung von dialektalen, fäkal-, vulgär- oder jugendsprachlichen Ausdrücken nicht aufweist. Themenspezifisch ist die Verwendung medizinischer Fachausdrücke wie z. B. Osteo-

Medizinische Fachsprache

sarkom (S. 18), Dysmorphophobie (S. 52), PET-Scan (S. 74), BiPAP-Gerät (S. 125) oder PEG-Sonde (S. 253).

Großschreibung und Kursivdruck

Auffällig ist weiter, dass Ausrufe oder sogar Schreie durch Großschreibung der betreffenden Worte gekennzeichnet sind: „HAZEL! HEUTE IST DEIN DREIUNDDREISSIGSTER HALBGEBURTSTAG" (S. 47). Im Kursivdruck erscheinen dagegen häufig Sätze, die entweder Zitate sind oder die als innere Monologe beschrieben werden können: „‚Ich war *dreizehn*', wiederholte ich, während mir nur eins durch den Kopf ging: *Er steht auf mich er steht auf mich er steht auf mich*" (S. 90). Der Verzicht auf Satzzeichen unterstreicht, dass es sich um die Gedanken der Protagonistin handelt („Bewusstseinsstrom"). Auch Augustus' wörtliche Rede wird einmal ohne Satzzeichen und vollständige Sätze wiedergegeben, was verdeutlicht, in welcher verzweifelten Lage er sich befindet: „Ruf weder den Notarzt noch meine Eltern ich verzeih dir das nie tu es nicht bitte komm einfach und reparier meine verdammte PEG-Sonde. Ich bin nur, Mann, das ist so bescheuert" (S. 259).

Verzicht auf Satzzeichen

In den Erzähltext sind zuweilen SMS-Nachrichten montiert (vgl. z. B. S. 113). Diese SMS-Texte sind poetisch stilisiert und damit konzeptionell schriftlich; reale SMS-Texte sind dagegen im Bereich der Mündlichkeit angesiedelt (keine vollständigen Sätze, umgangssprachliche Wendungen, Abkürzungen, Emoticons). Auch E-Mail-Nachrichten finden sich, die, wie die SMS-Nachrichten auch, jeweils mit einem anderen Schrifttyp vom Erzähltext abgehoben sind (vgl. z. B. S. 78); die konzeptionelle Schriftlichkeit, die den Charakter von E-Mails als Briefersatz ausmachen, wird hierbei gewahrt.

Konzeptionelle Schriftlichkeit

Neben lyrischen Texten (vgl. dazu Kap. 5.4–5.7 im Materialienteil dieses Bandes) sind auch dramatische Textformen im Roman zu finden: Hazel belauscht ein Gespräch zwischen Augustus und ihren Eltern, das im Roman als dramatischer Text wiedergeben ist (vgl. S. 93); an einer anderen Stelle gibt sie das Gespräch beim Es-

Lyrische Textformen

Direkte Rede

sen zwischen sich und ihren Eltern, Augustus und dessen Eltern ebenfalls in direkter Rede wieder (vgl. S. 247 f.).

## Symbole und Metaphern

Definition Symbol

Die Zigarette und die Achterbahn sind die beiden Symbole, die im Roman mehrfach Erwähnung finden. Das Symbol versteht man als ein „mehrdeutiges lit. Zeichen, das die Interpretationsbedürftigkeit eines lit. Textes erzeugt"[4]; beim Symbol wird der eigentliche Sinn des als Symbol verwendeten Gegenstandes durch den zu deutenden Sinn überlagert.

Die Zigarette: Symbol für todbringende Krankheit

Die Zigarette steht als Symbol für eine den Tod bringende Krankheit. Die Voraussetzung für die Entfaltung der tödlichen Wirkung ist das Anzünden und Inhalieren der karzinogenen Inhaltsstoffe. Dadurch, dass Augustus bewusst auf das Anzünden verzichtet, kann sich die tödliche Wirkung nicht entfalten. Im symbolischen Sinne steht die Zigarette für den Wunsch des Jungen, den Krebs kontrollieren zu können, Macht über ihn zu haben; in der Form der Zigarette hat er ihn zwar in der Hand und lässt ihn sogar in seinen Mund hinein, aber dennoch kontrolliert er ihn und hindert seine Entfaltung: „Es ist eine Metapher, verstehst du: Du steckst dir das tödliche Ding zwischen die Zähne, aber du gibst ihm nicht die Kraft zu töten" (S. 28).

Die Achterbahn: paradoxes Symbol

Auch die Achterbahn bzw. die Fahrt mit der Achterbahn wird von Augustus zweimal erwähnt und lässt sich als symbolisch gemeintes Bild verstehen: Bereits bei seinem ersten Besuch in der Selbsthilfegruppe antwortet er auf die Frage nach seinem Befinden mit dieser Metapher: „Ich sitze in einer Achterbahn auf der es immer nur aufwärtsgeht, mein Freund" (S. 18). Da es in der Reali-

---

4 Jeßing 2007, S. 744

„Ich sitze in einer Achterbahn, auf der es immer nur aufwärtsgeht."
© Fotolia – billyhoiler

tät während einer Achterbahnfahrt nie nur aufwärtsgeht, sondern mindestens genauso häufig abwärts, bis man wieder am Boden angelangt ist, handelt es sich um ein paradoxes Symbol. Es beschreibt den Zustand von Krebspatienten, der von ständig abwechselnden Verschlechterungen und Verbesserungen der Erkrankung geprägt ist, sie erleben ein ständiges Auf und Ab wie bei einer Achterbahnfahrt. Das von Augustus verwendete Symbol einer Achterbahnfahrt, bei der es immer nur aufwärtsgeht, ist durch seine Paradoxität ein vorausdeutender Verweis auf die Wiederkehr seiner Erkrankung. Als Augustus in Amsterdam das Symbol erneut verwendet, weiß er von seiner erneuten Erkrankung; Hazel versichert ihm daraufhin, ihn bis zum Ende seines Lebens zu begleiten: „Und es ist mein Privileg und meine Pflicht, mit dir bis ganz nach oben zu fahren“ (S. 233).

Schatten von Ästen: Symbol für den ständigen Wechsel

Als eine weitere Metapher erkennen die Teenager in Amsterdam den Schatten von Ästen, die auf dem Boden zusammen- und auseinanderlaufen; sie interpretieren ihn als Symbol für den ständigen Wechsel von Kommen und Gehen: „Das Negativbild davon, wie Dinge zusammen- und auseinanderdriften“ (S. 225) – dies lässt sich als eine Grundkonstante des Lebens beschreiben.

## Intertextuelle Verweise

Verweise auf fiktive und reale Texte

Der Roman arbeitet mit einer Vielzahl von intertextuellen Verweisen, und zwar sowohl auf fiktive als auch auf real existierende literarische Texte. Der fiktive Roman ***Ein herrschaftliches Leiden* von Peter Van Houten**, dessen Titel auf den Ausdruck „an imperial affliction“ in der 3. Strophe des Gedichts *There's a certain Slant of light* (1862) von Emily Dickinson (1830–1886) zurückgeht, ist im Roman omnipräsent; bereits das Motto ist dem fiktiven Roman entnommen; außerdem ähnelt der Titel des Romans dem Titel des tatsächlich existierenden Buches ***The Emperor of All Maladies* von Siddhartha Mukherjee**, der auf Deutsch *Der König aller Krankheiten* heißt. Peter Van Houten bezeichnet Hazel als ihren „drittbeste(n) Freund“ (S. 19). Augustus liest den Roman ebenfalls und er ist häufig Gegenstand ihrer Unterhaltungen. Der Roman ist dafür verantwortlich, dass beide nach Amsterdam fahren, um den Autor nach seiner Fortsetzung zu befragen. Die Ich-Erzählerin fasst zu Beginn des 4. Kapitels den Inhalt von *Ein herrschaftliches Leiden* zusammen (vgl. S. 57 f.); die Inhaltsangabe endet mit einer Ellipse (vgl. S. 58), die die Unabgeschlossenheit des Textes verdeutlicht.

Auch die Lieblingsbücher von Augustus, ***Preis der Morgenröte*** bzw. ***Mitternachtsdämmerung*** und ***Requiem für Mayhem*** sind fiktiv. Den Kommentaren der Ich-Erzählerin ist zu entnehmen, dass es sich dabei um Abenteuerromane mit zahlreichen Toten handelt: „Das Leichen-Satz-Verhältnis lag fast bei eins zu eins“ (S. 54).

Nennung der Protagonisten

Der Roman nimmt immer wieder Bezug auf reale literarische Texte. Diese Bezüge werden beispielsweise durch die Nennung der Protagonisten hergestellt: **Holden Caulfield** (vgl. S. 206) aus Salingers modernem Adoleszenzroman *Der Fänger im Roggen*, **Huckleberry Finn** aus dem gleichnamigen Jugendbuch von Mark Twain (vgl. ebd.), **Winnie Puuh** aus dem gleichnamigen Kinderbuch von Alan Milne (vgl. S. 250).

Schriftsteller und Philosophen

Berühmte Schriftsteller oder Philosophen werden zumindest namentlich erwähnt: **Sylvia Plath** (vgl. S. 61), **Allen Ginsberg** (vgl. S. 164), **Søren Kierkegaard** (vgl. S. 168), **Martin Heidegger** (vgl. ebd.), **Zenon** (vgl. S. 199), **Parmenides** (vgl. ebd.), **Marcel Proust** (vgl. S. 206), **Philippa Foot** (vgl. S. 305), **Toni Morrison** (vgl. S. 309).

Die Protagonisten zitieren real existierende Literatur (vgl. dazu Kap. 5.4–5.7 im Materialienteil dieses Bandes), die im jeweiligen situativen Kontext der Romanhandlung eine Bedeutung erlangt: **William Carlos Williams'** ***The Red Wheelbarrow (Die rote Schubkarre)*** wird von Hazel in dem dramatischen Moment zitiert, als sie mit Augustus an der Tankstelle auf den Notarztwagen wartet, von dessen rechtzeitigem Eintreffen das Überleben von Augustus abhängt – so wie in dem zitierten Gedicht alles von einer „Schubkarre“ abhängt (vgl. S. 264). Aus dem Gedicht ***There's a certain Slant of light (Ein gewisses schräges Licht)*** **von Emily Dickinson** stammt das Zitat „An imperial affliction“, das als Titel des fiktiven Romans von Peter Van Houten fungiert. Außerdem verarbeitet Green **T. S. Eliots Gedicht** ***The Love Song of J. Alfred Prufrock (J. Alfred Prufrocks Liebesgesang)***, das Hazel Augustus im Flugzeug nach Amsterdam vorliest (vgl. S. 164 f. und 175) und das als Liebesgedicht den literarischen Rahmen für das Liebesgeständnis von Augustus (vgl. S. 165) gibt. In dem Gedicht von Eliot wird immer wieder erwähnt, dass noch Zeit sei, die man nutzen müsse (vgl. dazu Kap. 5.6 im Materialienteil dieses Bandes); auch dies ist ein literarischer Kommentar zu dem auf der Romanebene sich anbahnenden Liebesverhältnis zweier todkranker Jugendlicher. Das Gedicht ***Howl* von Allen Ginsberg**[5] liest Hazel auf dem Flug nach Europa (vgl. S 164) und begründet die Lektüre mit der Pflicht, es für das College lesen zu müssen; Hazel gefällt das moderne Pop-Gedicht, weil der Held noch mehr Medikamente einnimmt als sie selbst (vgl. S. 164).

---

5 Der Text ist z. B. unter http://sprayberry.tripod.com/poems/howl.txt verfügbar (Stand Oktober 2014).

## 3.7 Interpretationsansätze

**ZUSAMMEN-FASSUNG**

Zwei sich ergänzende Interpretationsansätze bieten sich an: *Das Schicksal ist ein mieser Verräter* ist ein Werk,

→ das formal-gattungsmäßig als Adoleszenzroman begriffen werden kann, da es die für das Genre typischen Motive wie die Auseinandersetzung mit familiären und gesellschaftlichen Wertvorstellungen, aber auch mit der eigenen Identität enthält.

→ ein Werk, das sich als psychologisches Kinder- und Jugendbuch des Genres „Kinder mit Krebs" („SickLit") klassifizieren lässt. Es weist einen deutlichen Schwerpunkt auf dem Thema des Umgangs mit dem durch den Krebs bestimmten Tod auf; die Fragen nach dem Sinn des Lebens, dem Umgang mit eigenem und fremdem Leid und der eigenen Bedeutung für andere Menschen (Freundschaft, Liebe) stehen im Mittelpunkt.

*Das Schicksal ist ein mieser Verräter* als psychologischer Jugendroman

Der Roman lässt sich im Hinblick auf seine Gattung und im Hinblick auf die behandelten Themen interpretieren, beide Interpretationsrichtungen ergänzen sich. *Das Schicksal ist ein mieser Verräter* lässt sich als realistisches Kinder- und Jugendbuch (Subgenre „SickLit") bestimmen, genauer gesprochen: als psychologischer Jugendroman. Kreuzer schreibt zur Charakteristik dieses Genres:

> „Durch die Entwicklung vom problemorientierten zum psychologischen Kinder- und Jugendroman wendet sich so der Blick von den gesellschaftlichen, äußerlich sichtbaren Bezügen nach innen, mit dem Versuch, die Tiefe seelischer Vorgänge in moderner

> Subjektivität darzustellen. (...) In der weiteren Entwicklung der kinderliterarischen Figur geht es im Gegensatz zu früher nicht mehr darum, sich gegen die Erziehungsberechtigten behaupten zu müssen, sondern um die Auswirkungen von Konflikten, um ihre Verarbeitung durch die jungen Protagonisten, um deren Reaktionen, um ihre Gedanken, Gefühle, Träume und Ängste. Das äußere Handlungsfeld wird zur Vorlage für die Darstellung der inneren Handlung, und der innere Konflikt wird ausgelöst durch den äußeren Konflikt. Ein reflektierender Protagonist, der auf dem Weg zur Fähigkeit des Reflektierens beschrieben wird, entsteht."[6]

Im Mittelpunkt stehen die Gefühle und Gedanken der an Krebs erkrankten Ich-Erzählerin, die durch die Ereignisse in ihrer Umgebung ausgelöst werden. Der Roman selbst bietet eine intensive, spannungsreiche Handlung, diese Spannung ergibt sich nicht nur aus den beschrieben Situationen, sondern vor allem aus der Todesaffinität, die den Roman bestimmt und das erzählte Liebesglück bedroht.

*Das Schicksal ist ein mieser Verräter* als psychologischer Adoleszenzroman

Da sich die Protagonisten im Jugendalter befinden und da die Themen, mit denen sie sich auseinandersetzen, genretypisch sind, kann man den Roman formal-gattungsmäßig als einen psychologischen Adoleszenzroman bezeichnen. Hazel und Augustus machen ihre erste beglückende Liebeserfahrung; die Begegnung mit Sexualität ist ein maßgeblicher Faktor während des Adoleszenzprozesses. Weitere für das Genre typische Themen sind Auseinandersetzung mit Freundschaft, Auseinandersetzung mit eigenem und fremdem Leid und Tod sowie die Frage nach dem Lebenssinn, nach Glück und Schicksal.

---

6 Kreuzer 2009, S. 36 f.

**Auseinandersetzung mit Konzepten von Freundschaft**

Drei Freundschaften werden im Roman thematisiert, es handelt sich um die Beziehung zwischen Isaac und Monica, zwischen Augustus und Caroline und naturgemäß um die Liebesbeziehung zwischen Hazel und Augustus, die den gesamten Roman bestimmt:

Freundschaft zwischen Issac und Monica

Die Freundschaft zwischen Issac und Monica existiert bereits seit dem Vorjahr (vgl. S. 26), sie ist geprägt durch die gegenseitige erotische Anziehung, die auch öffentlich bekundet wird: „(...) und wir beobachteten Isaac und Monica, die zur Sache gingen, als würden sie nicht an der Mauer eines Gotteshauses stehen. Er griff ihr durch die Bluse an die Brust und knetete sie mit regloser Handfläche und hektischen Fingern" (ebd.). Gleichzeitig verbindet beide Jugendliche ein Ewigkeitsversprechen: „Sie lieben sich *für immer* oder so was. Nach meiner konservativen Schätzung haben sie sich im letzten Jahr die Worte *für immer* circa eine Million mal per SMS geschickt" (ebd.).

Zwei Tage später trennt sich Monica von Isaac mit der Begründung, dass sie seine zu erwartende Blindheit nicht ertrüge (vgl. S. 69). Isaac ist völlig verzweifelt, kurz vor der Operation, die ihm sein Augenlicht nehmen wird, auch noch seine Freundin zu verlieren. Über die Qualität der Freundschaft lässt sich somit sagen, dass sie nicht auf Dauer angelegt ist, da sie nicht die Qualität besitzt, den Partner auch in leidvoller und schwieriger Situation zu begleiten. Monica bricht den Kontakt zu Isaac völlig ab; zwei Monate nach der Operation hat sich Isaac stabilisiert und rächt sich – auf Augustus' Initiative hin – symbolisch an Monica, indem er ihren Wagen mit Eiern bewirft (vgl. S. 244 f.); dies ist ein Zeichen, dass Isaac eine Entwicklung von autoaggressiver Trauer zu „gesunder" Wut auf die eigentlich Schuldige durchlaufen hat, die im nächsten Schritt dazu führen kann, endgültig mit der Enttäuschung über die zerbrochene Beziehung fertig zu werden.

Auch die Freundschaft zwischen Augustus und Caroline Mathers endet tragisch mit dem Tod des Mädchens: „Ich habe ein paar gute Küsse von meiner Exfreundin bekommen, Caroline Mathers. (…) Caroline wurde vom Menschsein erlöst“ (S. 81). Augustus weiß, dass der fortschreitende Gehirntumor bei Caroline dazu führt, dass sie unberechenbar wird; dennoch bleibt er ein Jahr lang bis zu ihrem Tod bei ihr, weil er der Überzeugung ist, dass man ein Mädchen mit einem Hirntumor nicht einfach verlassen darf (vgl. S. 187). In diesem Freundschaftskonzept zeigt sich daher ein Merkmal, das Solidarität und Loyalität in leidvollen Situationen einschließt. Augustus Waters offenbart damit im Gegensatz zu der egoistischen Liebe Carolines eine altruistische Form von Liebe.

Freundschaft zwischen Augustus und Caroline

Hazel spürt bereits bei der ersten Begegnung mit Augustus, das beide gegenseitige Sympathie verbindet. Hazel wehrt sich gegen eine tiefer gehende und auch eine sexuelle Annäherung umfassende Beziehung, da sie Augustus keine erneute Verlusterfahrung bereiten möchte (vgl. S. 113). Dabei geht sie davon aus, dass sie durch ihre eigene Krebserkrankung vor Augustus sterben wird, den sie nach der Unterschenkelamputation für geheilt hält. Peter Van Houten teilt in einer E-Mail an Augustus die Haltung Hazels: „Ihre Hazel lebt, Waters, und Sie dürfen die Entscheidung eines anderen Menschen nicht einfach Ihrem Willen beugen, besonders nicht, wenn die Entscheidung mit Bedacht getroffen wurde. Sie möchte Ihnen Schmerz ersparen, und Sie sollten sie gewähren lassen“ (S. 124). Einen anderen Begründungszusammenhang für die Unmöglichkeit einer Liebesbeziehung wird durch die maslowsche Bedürfnispyramide geschaffen, in der behauptet wird, dass erst die Erfüllung des Grundbedürfnisses nach körperlicher Unversehrtheit es ermöglicht, Liebesbedürfnisse zu artikulieren. Hazel sieht diese Theorie aufgrund ihrer eigenen Erfahrungen als widerlegt an (vgl. S. 228). Als Augustus Hazel eröffnet, dass in seinem Körper Meta-

Freundschaft zwischen Augustus und Hazel

stasen gefunden wurden, versichert sie ihm, ihn auf seinem Weg zu begleiten und an der Freundschaft nicht zu zweifeln (vgl. S. 233). Im letzten Brief von Augustus, den er an Van Houten schreibt, bekennt er sich zu seiner Entscheidung für Hazel; auch Hazel steht nach dem Tod des Freundes fest zu ihrer Entscheidung, ihn zu lieben. Insofern beansprucht und realisiert das Liebeskonzept der beiden Jugendlichen tatsächlich eine Art von Unvergänglichkeit über den Tod hinaus. Auch Isaac vertritt dieses Liebeskonzept im Übrigen, wenn er sagt: „Liebe ist, das Versprechen trotzdem zu halten" (S. 70).

**Auseinandersetzung mit eigenem und fremdem Leid**

Frage nach der Ursache des Leids

Die Hauptfiguren des Romans sind permanent mit Leiderfahrungen konfrontiert und müssen eine jeweils individuelle Form des Umgangs damit finden. Die Frage nach der Ursache des Leids beschäftigt Hazel und Augustus. In Hazels Erzählung von der Diagnose ihrer Krebserkrankung wird deutlich, dass sie eine metaphysische Kraft dafür verantwortlich macht, der sie die Sätze in den Mund legt: „Herzlichen Glückwunsch! Du bist eine Frau. Und jetzt stirb" (S. 31). Auch Peter Van Houten macht eine metaphysische Instanz („die Sterne") für das menschliche Leben verantwortlich, er bezieht damit eine Gegenposition zu der Aussage des Cassius in Shakespeares *Julius Caesar*: „(…) es lässt sich jede Menge Schuld in unseren Sternen finden. Das Schicksal ist ein mieser Verräter" (S. 123).

Keine religiösen Antwortversuche

Auf der einen Seite ist somit die im Roman gegebene Antwort auf die Frage nach dem Grund für Leiden unbefriedigend; die Figuren geben sich zwar mit dieser Antwort zufrieden und andere Antwortversuche werden nicht unternommen, aber die Frage nach der Ursache von Leid berührt einen zentralen Kern beispielsweise von religiösen Antwortversuchen (Stichwort: „Theodizee-Frage"), in denen menschliches Leiden tatsächlich einen Sinn bekommt (vgl. dazu Kap. 5.8 im Materialienteil dieses Bandes). Solche Erklärungsansätze werden völlig ausgespart, obgleich der Einfluss christlicher Glaubensinhalte z. B. auf die Familie von Augustus unabweisbar ist.[7]

Verzicht auf Antwortsuche

Auf der anderen Seite bedeutet der Verzicht auf die Suche nach einer weiter als zum „Schicksal" führenden Antwort, dass der Umgang mit der Erkrankung ein größeres Gewicht bekommt als die theoretischen und letztlich unfruchtbaren Spekulationen über die vermutliche Ursache. Eine Form des praktischen Umgangs ist die Selbsthilfegruppe, die sich einmal in der Woche in einer Kirche trifft und deren Sinn darin besteht, den Teilnehmern einen Rahmen zu geben, in dem sie sich mitteilen können. Hazel formuliert eine von Sarkasmus geprägte Einschätzung der Selbsthilfegruppe (vgl. S. 10 f.), die sie „wahnsinnig deprimierend" (ebd.) findet; dies muss aber nicht bedeuten, dass alle Teilnehmer so wie Hazel denken, sondern dass andere sich auch ermutigen lassen, weiter gegen die Krankheit zu kämpfen.

Augustus und Hazel

Augustus und Hazel begegnen ihrer eigenen Erkrankung jeweils mit Sarkasmus, sie machen sich Sorgen um ihre Familien, die sie mit ihrem Tod traurig machen: „Denn es gibt nur eins auf der Welt, das ätzender ist, als mit sechzehn an Krebs zu sterben, und das ist, ein Kind zu haben, das an Krebs stirbt" (S. 14). Gedanken darüber, was nach dem Tod kommen könnte, bestimmen einmal das Gesprächsthema der Jugendlichen; dabei wird deutlich, dass Augustus durchaus an *„Irgendwas* mit großem *I*" (S. 179) glaubt. Hazel dagegen verwirft diese Idee: „Ehrlich gesagt hatte ich den Glau-

---

7 Eine aus der Hoffnung des Glaubens formulierte Antwort könnte den guten göttlichen Plan annehmen, der sich nicht zuletzt durch das Christusereignis manifestiert hat, und die Begrenztheit menschlichen Erkenntnisvermögens im Vergleich mit der göttlichen Allwissenheit betonen; das vom Menschen als leidvoll erfahrene Geschehen könnte im christlichen Sinne als Prüfung oder als pädagogisches Instrument (vgl. etwa die Hiob-Parabel im Alten Testament) bewertet werden.

ben an den Himmel immer für eine Art intellektuellen Aussetzer gehalten“ (ebd.).

Augustus’ Familie

Die Familie von Augustus reagiert auf das Leid mit einem starken Appell an den familiären Zusammenhalt; in ihrem Haus finden sich Schilder mit Aufschriften wie „Familie für immer“ (S. 34), „Wahre Liebe erträgt jede Not“ (ebd.) oder auch „Ohne Leid würden wir nicht wissen, was Freude ist“ (S. 43), was zumindest einen populärphilosophischen Versuch darstellt, den Grund für Leid zu erklären.

Hazels Familie

Die Mutter von Hazel fasst jeden Tag als Feiertag auf und findet dafür stets einen Anlass, selbst wenn es der „DREIUNDDREISSIGSTE HALBGEBURTSTAG“ (S. 47) ist; zusammen mit Hazels Vater unterstützt sie die Tochter und steht in allen Notsituationen zur Verfügung. Vor dem drohenden Tod haben beide Elternteile große Angst: Hazels Mutter äußert einmal gegenüber ihrem Ehemann, dass sie nach dem Tod der Tochter keine Mutter mehr sei (vgl. S. 315); diese Aussage revidiert sie und schreibt sie der Verzweiflung zu, die sie bemächtigt hat (vgl. ebd.). Eine Konsequenz aus dem Umgang mit der Krankheit ihrer Tochter besteht für Hazels Mutter darin, ein Fernstudium in Sozialpädagogik zu beginnen, da sie vorhat, nach dem Abschluss Menschen zu helfen, die sich in ähnlichen Situationen wie Hazel befinden (vgl. S. 316).

### Auseinandersetzung mit Glück, Schicksal und dem Sinn des Lebens

Camus’ *Mythos von Sisyphos*

Bereits der deutsche Titel des Romans verweist auf diese Problematik: Da dem Schicksal (oder einer Gottheit) nicht vertraut werden kann, liegen die Ursachen für die Umstände, in denen der Mensch lebt und die ihn treffen, bei ihm selbst. Der Verzicht auf eine metaphysische Sinngebung bedeutet nicht, dass der Mensch unglücklich sein muss. Albert Camus (1913–1960) spricht in seiner berühmten

Auslegung vom *Mythos von Sisyphos* vom Glück in einer absurden Welt: Sisyphos ist dazu verdammt, auf ewig einen Marmorblock auf die Spitze eines Berges zu rollen (vgl. dazu Kap. 5.9 im Materialienteil dieses Bandes). Der Block rollt immer wieder hinunter und Sisyphos muss nach unten gehen und die Arbeit erneut aufnehmen. Camus stellt sich Sisyphos als einen glücklichen Menschen vor:

„Es gibt kein Schicksal, das durch Verachtung nicht überwunden werden kann."

> „Es gibt kein Schicksal, das durch Verachtung nicht überwunden werden kann. (...) Darin besteht die ganz verschwiegene Freude des Sisyphos. Sein Schicksal gehört ihm. Sein Fels ist seine Sache. Ebenso lässt der absurde Mensch, wenn er seine Qual bedenkt, alle Götzenbilder schweigen. Im Universum, das plötzlich wieder seinem Schweigen anheimgegeben ist, werden die tausend kleinen, höchst verwunderten Stimmen der Erde laut. (...) Überzeugt von dem rein menschlichen Ursprung alles Menschlichen, ist er also immer unterwegs – ein Blinder, der sehen möchte und weiß, dass die Nacht kein Ende hat."[8]

Hazel drückt diesen Sachverhalt in einem Gespräch mit Isaac nach dem Tod von Augustus aus, wenn sie von der „elende(n) Bedeutungslosigkeit" und dem „unmenschliche(n) Nihilismus" (S. 300) des Leidens spricht. Dann diagnostiziert sie den menschlichen Wunsch nach einer metaphysischen Sinngebung:

Menschlicher Wunsch nach metaphysischer Sinngebung

> „Dabei war es genau umgekehrt, *wir* wollen vom Universum bemerkt werden, wir wollen nicht, dass das Universum sich eine Bohne darum schert, wie es uns ergeht, nicht um eine kollektive Idee eines fühlenden Lebens, sondern um jeden Einzelnen von uns als Individuum" (ebd.).

---

8 Camus 1982, S. 100 f.

Änderung des Blickwinkels

Im Kern vollzieht Hazel damit schon die von Camus beschriebene Änderung des Blickwinkels: Wenn sie meint, dass das Universum bemerkt werden wolle (vgl. ebd.), dann gibt sie – philosophisch gesprochen – dem Menschen die Verantwortung für das eigene Schicksal. Doch auch wenn Hazel in ihrer trotzig-sarkastischen Haltung im Kern der existenzialistischen Auffassung folgt, so vertritt sie diese Überzeugung nicht konsequent, da ihre Metapher vom Universum, das bemerkt werden will, dem Menschen zwar eine aktive Haltung einräumt, aber durch die Anthropomorphisierung des Universums dennoch die Möglichkeit der Existenz metaphysischer Größen einräumt:

Der Kampf gegen das menschliche Bewusstsein

> „Wir leben in einem Universum, das der Schöpfung, der Ausrottung und dem Bewusstsein gewidmet ist. Augustus Waters starb nicht nach einem langen Kampf gegen den Krebs. Er starb nach einem langen Kampf gegen das menschliche Bewusstsein, ein Opfer – wie auch du irgendwann – des Bedürfnisses des Universums, alles, was möglich ist, zu schaffen und wieder abzuschaffen“ (S. 285).

Hazels Wunsch nach überirdischer Macht

Dies mag verstanden werden als der Ausdruck eines tief sitzenden Wunsches der Ich-Erzählerin nach einer wie auch immer gearteten überirdischen Macht. Ihre eigene Position kann sie nicht selbstkritisch reflektieren.

Gleichwohl ist ihr Wunsch, dass die Erinnerung an sie nach ihrem Tod nicht nur durch den Kampf gegen den Krebs bestimmt wird, ein Hinweis, dass sie die existenzialistische Konsequenz der selbstbestimmten ethischen Haltung intuitiv erkannt hat:

> „Das Leben braucht keinen Sinn, um gelebt zu werden; je weniger Sinn es hat, um so besser wird es gelebt. (…) Die Gegenwart

> und die Folge der Augenblicke vor einer hellsichtigen Seele sind das Ideal des absurden Menschen. Nur diese Zeit meines Lebens gilt. (…) Es gibt für dieses absurde Leben keine ethischen Grundsätze, sondern nur die Inspiration aus lebendigen Vorbildern: der Liebende im Stile Don Juans, der Schauspieler, der Abenteurer."[9]

Vorbilder aus der Literatur

Diese Vorbilder entnimmt Hazel realen und fiktiven literarischen Texten, und von daher ist auch ihr Wunsch zu begründen, die Fortsetzung von *Ein herrschaftliches Leiden* zu erfahren. Eine andere Haltung, die Hazel aus der realen Literatur übernimmt, ist etwa die Aussage des amerikanischen Dichters Walt Whitman: „Die Definition des Menschseins ist die Fähigkeit, die Herrlichkeit der Schöpfung zu bewundern (…)" (S. 186).

Verantwortung für ein ethisches Leben durch Humanität

Die existenzialistische Konsequenz der Leugnung metaphysischer Instanzen ist, dass der Mensch die Verantwortung für sein Leben übernimmt und grundlegende ethische Prinzipien selbst definieren muss. Hazel realisiert die Verantwortung für ein ethisches Leben durch Humanität, die sich in der Treue für ihre Freunde beweist, die sie auch in Notsituationen nicht verlässt. Schon Johann Gottfried Herder sieht die Humanität als eine Haltung an, die dem Menschen zwar angeboren ist, die er aber im Laufe seines Lebens entwickeln muss (Stichwort: „Verantwortung des Menschen"):

Herders Definition von Humanität

> „Humanität ist der Charakter unseres Geschlechts; er ist uns aber nur in Anlagen angeboren, und muss uns eigentlich angebildet werden (…). Jeder einzelne Mensch trägt also wie in der Gestalt seines Körpers, so auch in den Anlagen seiner Seele das

---

9 Camus 1982, S. 115

> Element, zu welchem er gebildet ist und sich selbst ausbilden soll, in sich."[10]

Humanes Handeln

Humanes Handeln, das nicht religiös begründet wird, muss erlernt werden, Hazel und Augustus machen diese Erfahrung in der Extremsituation einer Krebserkrankung. Dass Hazel diesen Entwicklungsprozess durchläuft und nach dem Tod von Augustus auch ihre sarkastische Einstellung ablegt, wird deutlich, als sie wieder in die Selbsthilfegruppe geht und von Patrick danach gefragt wird, worin sie den Sinn ihres Weiterlebens sieht (vgl. S. 313). Sie spürt eine Verpflichtung, sich all denjenigen zuzuwenden, denen es verwehrt ist, ein normales menschliches Leben zu führen:

> „(...) aber ich dachte daran, dass das Universum bemerkt werden wollte und dass ich ihm so viel Aufmerksamkeit schenken musste, wie ich konnte. Ich hatte das Gefühl, ich schuldete dem Universum etwas, und ich konnte es ihm nur durch Achtsamkeit zurückzahlen; und außerdem schuldete ich jedem etwas, der kein Mensch mehr sein durfte, und jedem, der noch kein Mensch war" (ebd.).

Humane Verantwortung

Hazel bekennt sich zu ihrer humanen Verantwortung, ohne dass sie sie metaphysisch begründet. Dem „Universum Aufmerksamkeit schenken" heißt, sich mit Auswirkungen des Schicksals auseinanderzusetzen, mithin also, sich um die Menschen zu kümmern, denen das Schicksal wie „ein mieser Verräter" mitgespielt hat.

---

10 Herder 1997, S. 313

Zusammengefasst lässt sich somit sagen, dass sowohl Hazel als auch Augustus ihr eigenes Leid für sinnlos erachten und eine Ursache bestenfalls dem „Schicksal“, aber keiner religiösen Gottheit zuordnen können. Der Vorteil dieser Haltung ist, dass sie – wie der Sisyphos von Albert Camus – den Umgang mit diesem Schicksal als eine rein menschliche Angelegenheit betrachten können; Glück und Lebenssinn erfahren sie in der Zuwendung zu anderen Menschen als einem Ausdruck der dem Menschen innewohnenden Anlage zur Humanität.

Zusammenfassung

# 4. REZEPTIONSGESCHICHTE

Positive Resonanz

Der Roman *Das Schicksal ist ein mieser Verräter* erhielt unmittelbar nach seinem Erscheinen im Jahre 2012 eine sehr positive Resonanz, er stand über ein Jahr auf der Bestseller-Liste des *Spiegel* und wurde in 40 Sprachen übersetzt. Noch im Jahr seines Erscheinens erhielt er den *Luchs des Monats* September, das ist ein Preis, der von der Wochenzeitung *Die Zeit* und *Radio Bremen* verliehen wird. Die Literaturseite lovelybooks.de verlieh dem Roman 2012 das Prädikat „Bestes Buch in der Kategorie *Allgemeine Literatur*" sowie „Bestes Kinder- und Jugendbuch". Der Radiosender *hr2* verlieh ihm gemeinsam mit dem *Börsenblatt des Deutschen Buchhandels* im selben Jahr den Preis für das beste Kinder- und Jugendhörbuch.

*Deutscher Jugendliteraturpreis*

Im Jahre 2013 wurde dem Roman der *Deutsche Jugendliteraturpreis* verliehen (Preis der Jugendjury); in der Begründung werden die optimistische Grundstimmung trotz der tödlichen Erkrankung und die attraktiven Angebote für eine identifikatorische Lektüre hervorgehoben:

> „Zunächst könnte man meinen, *Das Schicksal ist ein mieser Verräter* sei ein deprimierendes Buch. Aber das stimmt nicht. Es ist ein Buch, das den Leser gleichzeitig zum Lachen wie zum Weinen bringt und zum Nachdenken anregt. Die ironische, fast schon sarkastische Art, wie Green die beiden Hauptpersonen, die 16-jährige Hazel und den 17-jährigen Augustus, mit ihrer Krebserkrankung umgehen lässt – jeden auf seine ganz eigene Weise –, ist bewundernswert erfrischend.
> Trotz der humorvollen Herangehensweise verharmlost das Buch die Krankheit nicht. Die Geschichte wirkt authentisch, besonders durch die Beschreibung des Alltags, der geprägt ist von der Krankheit sowie von ganz normalen Sorgen Heranwachsender.

> Die Protagonisten wachsen dem Leser ans Herz. Und obwohl es für die meisten unvorstellbar ist, in ihrer Situation zu sein, fühlt, leidet, kämpft und liebt man mit ihnen. Am Ende versteht man, welch starke Kraft die Liebe selbst in einer ausweglos erscheinenden Situation entwickeln kann. Ein Buch, das Mut macht!“[11]

Die immerhin 750 Leserkommentare auf amazon.de (Stand Oktober 2014) teilen die positive Meinung der Preisjury im Wesentlichen; die positiven Kommentare heben hervor, dass das Buch die schwierigen Themen wie Liebe, Freundschaft, Verlust und Tod auf eine wunderbare Art und Weise behandele. Das Buch sei ergreifend, des Nachdenkens wert oder schlichtweg traurig, auch die schriftstellerische Leistung des Autors wird gewürdigt. Einige wenige negative Kommentare bemängeln die Unglaubwürdigkeit der Geschichte und der Personen sowie den fehlenden sprachlichen Realismus.

Weitere Auszeichnungen

Weitere Auszeichnungen waren: die 42. Buxtehuder Bulle (2013), eine Shortlist-Platzierung des Guardian Children’s Fiction Prize (2013) sowie der *White Raven* der Internationalen Jugendbibliothek (2013).

Verfilmung

Im Mai 2014 kam bereits eine Verfilmung in die deutschen Kinos, die Regie führte Josh Boone. Der Trailer des Films wurde innerhalb des ersten Tages nach seiner Veröffentlichung mehr als drei Millionen Mal abgerufen.[12] Kritiken loben den Film als kongeniale Umsetzung der Romanvorlage, der die Gratwanderung zwischen Qualität und Kitsch gelingt. Benjamin Moldenhauer kommt in seiner Rezension zu dem Schluss: „Und dieses enge Beieinander aus filmisch souverän inszenierten Glücksmomenten und niederschmetternder Ausweglosigkeit ist jenseits aller Altersgrenzen tränentreibend.“[13]

---

11 http://www.djlp.jugendliteratur.org/2013/preistraeger_jugendjury-18.html (Stand Oktober 2014)
12 Vgl. Moldenhauer 2014
13 Ebd.

# 5. MATERIALIEN

## 5.1 Definition „Adoleszenzliteratur"

18. Jh.: Generationskonflikte und Jungsein

„**Adoleszenzliteratur**, [lat. *adulescentia* = Jugend], Texte, in denen die physiologischen, psychologischen und soziologischen Aspekte des Heranwachsens, zumeist zwischen dem 12. und 18. Lebensjahr, thematisiert werden. Bereits im 18. Jh. treten mit Goethes *Die Leiden des jungen Werthers*, einzelnen Dramen des Sturm und Drang und Moritz' *Anton Reiser* Texte auf, in denen die Konsequenzen der Auflösung ständischer Vergesellschaftung und die Folgen für individualisierte Lebensläufe beschrieben werden: Generationskonflikte und Jungsein als selbstgestaltete Lebensphase mit Risiken wie Entwicklungspotentialen zugleich; Autobiografie und Bildungsroman greifen verwandte Probleme sozialen Wandels und kultureller Neudefinition von Lebensphasen auf. Eine deutliche Umakzentuierung bringt die A. um 1900 mit Texten wie F. Wedekinds *Frühlings Erwachen*, H. Hesses *Unterm Rad* und R. Musils *Die Verwirrungen des Zöglings Törleß*. Die zumeist männlichen Protagonisten scheitern an den Anforderungen ihrer Erzieher, Jugend erscheint als Stadium fragiler Identität und einer von Elternhaus und Schule nur unzureichend berücksichtigten Krise; allenfalls die Freundschaft mit Gleichaltrigen bietet ein Refugium. Nach 1945 wird mit J. D. Salingers *The Catcher in the Rye* eine A. etabliert, die gegen die unbefragten Rollenzuweisungen und standardisierte Lebensläufe protestiert. Die moderne A., die vielfach der Jugendlit. (Kinder- und Jugendlit.) zugerechnet werden kann, kennt – auch am Beispiel weiblicher Protagonistinnen – radikalen Protest und ‚Ausstieg' (Plenzdorf *Die neuen Leiden des jungen W.*) ebenso wie die Entdramatisierung des Generationenkonflikts, die Normalisierung der Spannung zwischen individuellem Anspruch und sozialen

Um 1900: Jugend als Stadium fragiler Identität

Nach 1945: Protest gegen Rollenzuweisungen

Realitäten und eine Vielfalt von Subjektkonzeptionen. Jungsein wird als generationsübergreifender gesellschaftlicher Imperativ gezeigt, Sinnperspektiven und zielgerichtete Lebensplanung erweisen sich als Ausnahmen (Z. Jenny: *Das Blütenstaubzimmer*)."[14]

## 5.2 Interview mit John Green

*„Du hast ja bereits einige Bücher geschrieben – und alle unterscheiden sich sehr, was die Hauptfiguren, Themen und Geschichten angeht. Welches Buch liegt dir am meisten am Herzen und wieso?*

Durch Freunde dazu inspiriert

*Das Schicksal ist ein mieser Verräter* (*The Fault in Our Stars*) ist mir wohl am nächsten, weil ich eine lange Zeit – mehr als 10 Jahre – daran geschrieben habe. Auch wurde ich durch Freunde dazu inspiriert, die mittlerweile gestorben sind. Mein erstes Buch *Eine wie Alaska* war auch sehr persönlich – aber ich habe es vor langer Zeit geschrieben, weshalb es sich nicht ganz so aufregend anfühlt. (...)

*In deinem neuen Buch* Das Schicksal ist ein mieser Verräter *erfindest du ein Medikament namens Phalanxifor. Stell dir vor, dass du die Möglichkeit hättest, drei wirklich wichtige Dinge zu erfinden, welche wären das wohl?*

1. Ich würde ein Medikament erfinden, das alle Krebsarten heilt! 2. Ich würde ein viel schnelleres drahtloses Internet erfinden, das ohne große Infrastruktur wie Antennen und ähnliches bis in die Entwicklungsländer reicht. 3. Ich würde eine Maschine erfinden, die Kohlendioxid filtert und somit die globale Erderwärmung reduziert.

---

14 Kolk 2007, S. 5 f.

*Leser bemerken bei deinen Büchern häufig, dass du genauso gut aus Sicht eines Mädchens wie aus der eines Jungen schreiben kannst. Ist es für dich manchmal schwierig dich in die verschiedenen Figuren hineinzuversetzen oder denkst du, dass Mädchen und Jungen eigentlich gar nicht so verschiedenen sind?*

Ich denke, dass Mädchen sicherlich anders sind als Jungen, aber das Schreiben ist immer ein Vorgang des Vorstellungsvermögens: wenn man einen Roman schreibt, wird man immer auch über Menschen schreiben, die man nicht selbst ist. Für mich ist das eine der schönsten Sachen am Schreiben. Außerdem schreibe ich nicht aus einer männlichen oder weiblichen Perspektive. Ich schreibe aus der Perspektive einer bestimmten Figur. Das ist etwas ganz anderes. So ist Hazel zum Beispiel weiblich, aber sie ist eine ganz einzigartige weibliche Person. Und aus dieser Einzigartigkeit heraus zu schreiben, das ist für mich sehr wichtig.

Perspektive der Figuren

*Was gefällt dir am besten daran, Autor zu sein und deine Leser mit deinen Geschichten zu berühren? Wie fühlt es sich für dich an, wenn du erfährst, dass deine Geschichten Leser sogar zum Weinen bringen?*

Es geht mir keinesfalls darum, meine Leser zum Weinen zu bringen; ich versuche nur, eine Geschichte zu erzählen, die so echt ist wie möglich. Manchmal haben sie traurige Teile, doch mir ist am wichtigsten, dass meine Bücher humorvoll sind. Ich liebe meinen Job und bin sehr glücklich ihn zu haben, aber um ehrlich zu sein, ist das, was ich am meisten am Schreiben liebe ... das Schreiben. Ich bin sehr dankbar, dass mich die Leser gefunden und ihnen meine Bücher gefallen haben, und ich denke nicht, dass ich schreiben würde, wenn ich nicht diese Leser hätte. Doch am meisten liebe ich es, ganz in der Geschichte zu sein und an nichts anderes zu denken. Das ist wirklich großer Spaß und ich kenne nichts Vergleichbares. (...)"[15]

## 5.3 Rezension zur Buchverfilmung

### „Ein Kuss im Anne-Frank-Haus" – Filmkritik von Eleonor Benítez (in Auszügen)

„Eine besonders kitschige Szene in dieser Verfilmung von John Greens sehr erfolgreichem Jugendbuch findet in Amsterdam statt, genauer: im ehemaligen Versteck Anne Franks. Die Besucher des Museums unterbrechen die Betrachtung der Ausstellung und brechen ergriffen in zustimmenden Beifall aus, denn in ihrer Mitte küssen Heldin und Held einander leidenschaftlich. Dass man als Zuschauer des Films geneigt ist, dieses Abgleiten ins unglaubwürdig Zuckersüße vor der ernsten Kulisse zu verzeihen, hat zwei Gründe: Zum einen Shailene Woodley als einnehmende todkranke Hazel Grace Lancaster – den bleibenden Eindruck, den sie als George Clooneys charismatische Tochter in Alexander Paynes *The Descendants* hinterließ, vermag sie hier zu festigen, mit Ansel Elgort als Partner, dessen Porträt des verschmitzten, sehr verliebten, beinamputierten Augustus Waters ebenfalls überzeugt. Zuvor mimten beide Schauspieler im Megablockbuster *Divergent* noch Geschwister. Als Liebespaar sind sie besser.

Tragfähig und sensibel inszeniert

Zum anderen aber, Kitsch hin oder her, weiß der Film von Josh Boone das Thema Krebsleiden bei Jugendlichen zwischen romantic comedy und Drama tragfähig und sensibel zu inszenieren. In der Anfangssequenz des Films sitzt die siebzehnjährige Hazel Grace in einem Einkaufszentrum und betrachtet vorbeigehende Altersge-

---

15 Lovelybooks 2014

nossinnen: lachende, gut aussehende Mädchen, eine knutscht mit ihrem Freund, alle sind unbekümmert, haben Spaß. Ein Blick auf die Voyeurin und ihre Erzählung aus dem Off machen unmissverständlich klar, dass sie bei dieser Vitalität außen vor bleibt. (...)

Wie es das märchenhafte Hollywood-Kino und die Buchvorlage wollen, verwandelt sich die Krebspatientin zeitweilig in eine Prinzessin im blauen Kleid, die mit ihrem Liebsten entlang der Grachten spaziert und für das Cover eines Modemagazins posieren könnte. Ihr Atmungsgerät wirkt wie ein deplatziertes Requisit. Das zu Beginn des Films vermeintlich Unerreichbare erfüllt sich für Hazel doch.

Protagonisten als moderne Leitbilder

Auch die bloße Existenz dieses Films erfüllt Wünsche – solche von Fans der Buchvorlage nämlich. (...) Woher kommt diese Begeisterung eigentlich? Die von schwerer Krankheit und Behinderungen geprägten Figuren dürften den wenigsten eine Identifikationsfläche bieten. Als moderne Leitbilder werden sie aber dennoch empfunden. Der Ausbruchsdrang und die Erfüllungssehnsucht der Ich-Erzählerin aber lassen sich verallgemeinern und sogar historisieren: „I long to ride a bike, dance, whistle, look at the world, feel young and know that I'm free" steht an der Wand, wenn Hazel Grace atemlos und abgekämpft den Dachboden der Amsterdamer Prinsengracht erreicht. Die Momente der Einschränkung und Isolation, die aus dem Tagebuchauszug Anne Franks sprechen, funktionieren als Analogie. Letztlich aber wird da Unvereinbares in eins geblendet. Auch bei Anne Frank im Museum mag – und darf – geküsst werden. Der Beifall geht aber dann doch etwas zu weit."[16]

16 Benítez 2014

## 5.4 William Carlos Williams: *The Red Wheelbarrow* (1923)

| *THE RED WHEELBARROW* | *DIE ROTE SCHUBKARRE* |
|---|---|
| so much depends<br>upon | so viel hängt ab<br>von |
| a red wheel<br>barrow | einer roten Schub-<br>karre |
| glazed with rain<br>water | glänzend von Regen-<br>wasser |
| beside the white<br>chickens. | bei den weißen<br>Hühnern[17] |

## 5.5 Robert Frost: *Nothing Gold Can Stay* (1923)

| *NOTHING GOLD CAN STAY* | *NICHTS GOLDENES HAT BESTAND* |
|---|---|
| Nature's first green is gold,<br>Her hardest hue to hold.<br>Her early leaf's a flower;<br>But only so an hour.<br>Then leaf subsides to leaf,<br>So Eden sank to grief,<br>So dawn goes down to day<br>Nothing gold can stay. | Das erste Grün in der Natur ist Gold,<br>die Farbe, die nicht währt.<br>Ihr erstes Blatt ist eine Blume,<br>doch nur für eine Stunde.<br>Dann senkt sich Blatt auf Blatt.<br>So sank auch Eden in den Gram,<br>so ging das Morgenrot zum Tag.<br>Nichts Goldenes hat Bestand.[18] |

---

17 Williams 1991, S. 90 f.
18 Frost 2011, S. 108 f.

## 5.6 Auszug aus T. S. Eliot: *The Love Song of J. Alfred Prufrock* (1917)

| *THE LOVE SONG OF J. ALFRED PRUFROCK* | *J. ALFRED PRUFROCKS LIEBESGESANG* |
|---|---|
| Let us go then, you and I, | Komm, wir gehen, du und ich, |
| When the evening is spread out against the sky | Wenn der Abend ausgestreckt ist am Himmelsstrich |
| Like a patient etherized upon a table; | Wie ein Kranker äthertaub auf einem Tisch; |
| Let us go, through certain half-deserted streets, | Komm, wir gehn durch halbentleerte Straßen fort, |
| The muttering retreats | Den dumpfen Zufluchtsort |
| Of restless nights in one-night cheap hotels | Ruhlos-verworfner Nächte in Kaschemmen |
| And sawdust restaurants with oyster-shells: | Und Sägemehl-Restaurants zum Austern-Schlemmen: |
| Streets that follow like a tedious argument | Straßen, die dich wie ein langatmiges Argument, |
| Of insidious intent | Das jede Tücke kennt, |
| To lead you to an overwhelming question … | Zu einer überwältigenden Frage führen … |
| Oh, do not ask, "What is it?" | Oh, frage nicht „Wie bitte?", |
| Let us go and make our visit. | Komm, wir gehen zur Visite. |
| (…) | (…) |
| And indeed there will be time | In der Tat ist noch viel Zeit |
| For the yellow smoke that slides along the street, | Für den gelben Rauch, der längs der Straße schleift |
| Rubbing its back upon the window panes; | Und seinen Rücken an den Scheiben reibt; |
| There will be time, there will be time | Es ist noch Zeit, es ist noch Zeit |
| To prepare a face to meet the faces that you meet; | Dich zu wappnen gegen jedes Antlitz, das dich streift; |
| There will be time to murder and create, | Es ist noch Zeit für Zeugung, Mord, und Zeit |
| And time for all the works and days of hands | Für Werke und Tage der Hand, die sich erhebt |
| That lift and drop a question on your plate; | Und eine Frage auf den Teller schneit; |

| *THE LOVE SONG OF J. ALFRED PRUFROCK* | *J. ALFRED PRUFROCKS LIEBESGESANG* |
| --- | --- |
| Time for you and time for me, | Zeit ist dir und mir bestimmt, |
| And time yet for a hundred indecisions, | Zeit für hundert Unentschlossenheiten |
| And for a hundred visions and revisions, | Und für Visionen und Verdrossenheiten, |
| Before the taking of a toast and tea. | Bevor man Toast und Tee dann zu sich nimmt. |
| (...) | (...)[19] |

## 5.7 Emily Dickinson: *There's a certain Slant of light* (1862)

| *THERE'S A CERTAIN SLANT OF LIGHT* | *EIN GEWISSES SCHRÄGES LICHT* |
| --- | --- |
| There's a certain Slant of light, | Ein gewisses schräges Licht, |
| Winter Afternoons – | Winternachmittags – |
| That oppresses, like the Heft | Lastet auf uns mit dem Druck |
| Of Cathedral Tunes – | Eines Domchorals – |
| | |
| Heavenly Hurt, it gives us – | Himmelswunde, fügt es zu – |
| We can find no scar, | Narben sieht man nicht, |
| But internal difference – | Doch Verschiebung innen – |
| Where the Meanings, are – | Wo Bedeutung, liegt – |
| | |
| None may teach it – Any – | Keiner lehrt es – Jeder – |
| 'Tis the Seal Despair – | Das Verzweiflungssiegel – |
| An imperial affliction | Aus der Luft geschickt |
| Sent us of the Air – | Herrscherliches Leiden – |
| | |
| When it comes, the Landscape listens – | Kommt es, lauscht die Landschaft – |
| Shadows – hold their breath – | Schatten – starr im Schreck – |
| When it goes, 'tis like the Distance | Geht es, gleicht's der Ferne |
| On the look of Death – | In des Todes Blick –[20] |

---

19 Eliot 2012, S. 7 f.
20 Dickinson 2013, S. 86 f.

## 5.8 Die „Theodizee"-Frage

„Rechtfertigung Gottes"

„Das Th.problem zeigt, dass der Glaube von metaphysischen Reflexionen schwer lösbar ist. Es ist die Frage nach der ‚Rechtfertigung Gottes': Wie lässt sich angesichts der Übel in der Welt, angesichts vorzeitigen Todes, unaufhebbarer sozialer Misere, unheilbarer körperlicher und geistiger Entartungen und ungehemmter Bösartigkeiten noch von einer göttlichen Allmacht und Weisheit, von der Güte des Schöpfers und der Schöpfung, von einer Einheit der Welt und von einer moralischen Weltordnung reden? Es ist eine ins Rationale transponierte Zweifelsfrage, die nach einem Ausgleich von Gottesglaube und Welterfahrung begehrt. Die Erfahrung des Bösen, des Übels und des Leidens bereitet der Ratio eine Anfechtung, denn das sittliche Bewusstsein, das sich in einer zweckmäßigen Bestimmtheit der Welt und des Einzellebens bestätigt sehen möchte, befindet sich im Widerstreit mit der Erfahrung scheinbar ‚sinnloser' Schicksale und unbegründbaren Leidens. (...)

Zweifelsfrage

Eine der Lösungen, die sich immer der metaphysischen Spekulation anbieten, ergibt sich verhältnismäßig leicht unter der Voraussetzung einer dualistischen Weltansicht. Ob nun bei dem Kampf beider Prinzipien schließlich mit einem Sieg des guten über das böse Prinzip gerechnet werden mag oder nicht, das spielt in unserem Zusammenhang keine Rolle. Entscheidend ist, dass im Sinne solcher dualistischer Systeme das Übel in der Welt und das an seiner Verursachung wirkende Böse dem guten Prinzip, also Gott, nicht aufgelastet werden können. Eine gewisse Verwandtschaft mit diesem gnostischen Erklärungstypus eignet dem in der Philosophie Schopenhauers erneuerten Weltpessimismus. Nach ihm gehört das Übel schlechthin zum Wesen der Welt. (...) In ähnlicher Weise hat der deutsche Idealismus in seinen großen Systemen das Gewicht der Frage metaphysisch zu ermäßigen gesucht. Ähnlich wie bei

Gnostischer Erklärungstypus

Hegel die Bedenklichkeiten der Individualethik in dem Notwendigkeitsanspruch der Rechtsphilosophie untergehen, so werden auch die individuellen Leiden relativ gegenüber dem notwendigen Gang der Weltgeschichte. Der Vollzug des göttlichen Ratschlusses in der Geschichte nimmt auf das Glück Einzelner keine Rücksicht. Nur in dem Gesamtergebnis liegt die Grundlage einer gerechten Beurteilung der Vernünftigkeit des Weltlaufes. (...)

Dennoch kann zur Klärung der Sachlage manches geschehen. Zunächst betrifft die Th. nicht das selbstverschuldete Übel. Sie wird auch kaum hinsichtlich der Natur überhaupt, abgesehen vom Menschen, zum Problem werden. Das eigentliche Feld des Widerspruchs, des Zweifels, der Anfechtung durch das Übel ist der leidende Mensch, es ist die geistige, bewusste Individualität, die hier ihre Not in Gestalt einer kosmologischen Frage ausspricht. Diese Frage wird aber nur dann zu einer echten Frage, wenn es die Frage des Menschen in seiner Subjektivität bleibt, wenn also ihr unmittelbarer religiöser Charakter zurückgewonnen wird (...). In dieser Zurücknahme der Fragestellung liegt nicht nur ein Verzicht auf weitreichende metaphysische Erklärungen, sondern mehr noch eine Beugung vor dem Deus absconditus. Sie verweist den Glauben in doppeltem Sinne auf sein Eigenstes. (...) Vollzieht sich doch Gottes eigentliche Erlösungstat durch das unschuldige Leiden Jesu Christi am Kreuz. Der böse Wille der Menschen, die falsche Gerechtigkeit, die Christus ans Kreuz bringt, wird zum Werkzeug unseres Heils. Das tiefste Dunkel seines Leidens und Sterbens öffnet uns die Tür zu Gottes Reich. Hier verbietet sich die Rede von einem ungerechten, sinnlosen Leiden. Im Blick auf das Kreuz bekommt auch unser menschliches Leiden einen – weltanschaulich freilich nicht mehr verrechenbaren – Sinn."[21]

Kosmologische Frage

---

21 Trillhaas 1986, S. 743–746

## 5.9 Auszug aus Albert Camus: *Der Mythos von Sisyphos* (1959)

„Ohne Schatten gibt es kein Licht; man muss auch die Nacht kennenlernen."

„Es gibt kein Schicksal, das durch Verachtung nicht überwunden werden kann. (...) Darin besteht die ganz verschwiegene Freude des Sisyphos. Sein Schicksal gehört ihm. Sein Fels ist seine Sache. Ebenso lässt der absurde Mensch, wenn er seine Qual bedenkt, alle Götzenbilder schweigen. Im Universum, das plötzlich wieder seinem Schweigen anheimgegeben ist, werden die tausend kleinen, höchst verwunderten Stimmen der Erde laut. Unbewusste, heimliche Rufe, Aufforderungen aller Gesichter bilden die unerlässliche Kehrseite und den Preis des Sieges. Ohne Schatten gibt es kein Licht; man muss auch die Nacht kennenlernen. Der absurde Mensch sagt Ja, und seine Mühsal hat kein Ende mehr. Wenn es ein persönliches Geschick gibt, dann gibt es kein übergeordnetes Schicksal oder zumindest nur eins, das er unheilvoll und verächtlich findet. Darüber hinaus, weiß er sich als Herr seiner Zeit. Gerade in diesem Augenblick, in dem der Mensch sich wieder seinem Leben zuwendet (ein Sisyphos, der zu seinem Stein zurückkehrt), bei dieser leichten Drehung betrachtet er die Reihe unzusammenhängender Taten, die sein Schicksal werden, seine ureigene Schöpfung, die in seiner Erinnerung geeint ist und durch den Tod alsbald besiegelt wird. Überzeugt von dem rein menschlichen Ursprung alles Menschlichen, ist er also immer unterwegs – ein Blinder, der sehen möchte und weiß, dass die Nacht kein Ende hat."[22]

---

22 Camus 1982, S. 99–101

# 6. PRÜFUNGSAUFGABEN MIT MUSTERLÖSUNGEN

Unter www.königserläuterungen.de/download finden Sie im Internet zwei weitere Aufgaben mit Musterlösungen.

Die Zahl der Sternchen bezeichnet das Anforderungsniveau der jeweiligen Aufgabe.

Der Roman bietet eine Fülle von Anknüpfungspunkten für kreative Schreibaufgaben. Beispiele dafür könnten etwa sein:

→ *Schreiben Sie Hazels Lieblingsroman „Ein herrschaftliches Leiden" zu Ende.*

→ *Was geht Peter Van Houten durch den Kopf, als er die Tür öffnet und ein Mädchen sieht, das wie seine Tochter Anna gekleidet ist? Schreiben Sie einen inneren Monolog/einen Bewusstseinsstrom aus der Perspektive Peter Van Houtens.*

→ *Wie verarbeiten die Eltern von Augustus den Tod ihres Sohnes? Entwerfen Sie einen Dialog, den die Eltern ein Jahr später anlässlich des ersten Todestages ihre Sohnes führen.*

Wegen der Problematik der Erstellung halbwegs allgemein verbindlicher Lösungsvorschläge für solche kreativen Aufgabenstellungen werden im Folgenden keine produktiven Aufgabenformen, sondern ausschließlich interpretierende und analysierende Aufgabenformen vorgeschlagen.

## Aufgabe 1 *
**Sprachliche und reale Bilder**

© Penguin Books, London

© Hanser Verlag, München

**a) Vergleichen Sie die beiden Titelbilder miteinander und überlegen Sie, welche Aspekte des Romans jeweils durch die Cover akzentuiert werden.**
**b) Analysieren Sie ausgehend von den beiden Covern die zentralen Symbole des Romans.**

**Mögliche Lösung in knapper Fassung:**

a) Das Titelbild der englischsprachigen Ausgabe zeigt Autor und Titel in einer schwarzen und weißen Wolke auf blauem Grund. Ein lobender Satz aus einer Rezension soll das Interesse für das Buch wecken. Die Wolken und der blaue Hintergrund erinnern an den Himmel, der gemeinhin als Symbol für das Jenseits steht, die tödliche Bedrohung wäre somit bereits auf dem Titelbild präsent. Auch auf dem Cover der deutschen Ausgabe dominiert die blaue Farbe: Zu sehen ist der Himmel mit Sternen, außerdem sieht man eine in Weiß gestaltete Silhouette zweier Städte, die linke Silhouette erinnert durch den auffälligen Chase Tower an die amerikanischen Stadt Indianapolis, die rechte mit den niedrigen Grachtenhäusern an eine Stadt in den Niederlanden. Das deutsche Cover bietet somit sowohl thematische als auch geografische Anknüpfungspunkte an den Roman.

Beschreibung der Coverbilder

b) Die beiden Cover visualisieren mehr oder weniger stark bereits den Himmel und damit das Motiv der tödlichen Erkrankung, das den Roman bestimmt. Auch die Zigarette und die Achterbahn, die beiden Symbole, die im Roman mehrfach Erwähnung finden, sind im Zusammenhang mit dem Krebs zu deuten: Die Zigarette steht als Symbol für eine den Tod bringende Krankheit. Die Voraussetzung für die Entfaltung der tödlichen Wirkung ist das Anzünden und Inhalieren der karzinogenen Inhaltsstoffe. Dadurch, dass Augustus bewusst auf das Anzünden verzichtet, kann sich die tödliche Wirkung nicht entfalten. Im symbolischen Sinne steht die Zigarette für den Wunsch des Jungen, den Krebs kontrollieren zu können, Macht über ihn zu haben; in der Form der Zigarette hat er ihn zwar in der Hand und lässt ihn sogar in seinen Mund hinein, aber dennoch kontrolliert er ihn und hindert seine Entfaltung: „Es ist eine Metapher, verstehst du: Du steckst dir das tödliche Ding

Analyse zentraler Symbole des Romans

zwischen die Zähne, aber du gibst ihm nicht die Kraft zu töten" (S. 28).

Auch die Achterbahn bzw. die Fahrt mit der Achterbahn wird von Augustus zweimal erwähnt und lässt sich als symbolisch gemeintes Bild verstehen: Bereits bei seinem ersten Besuch in der Selbsthilfegruppe antwortet er auf die Frage nach seinem Befinden mit dieser Metapher: „Ich sitze in einer Achterbahn, auf der es immer nur aufwärtsgeht, mein Freund" (S. 18). Da es in der Realität während einer Achterbahnfahrt nie nur aufwärtsgeht, sondern mindestens genauso häufig abwärts, bis man wieder am Boden angelangt ist, handelt es sich um ein paradoxes Symbol. Es beschreibt den Zustand von Krebspatienten, der von ständig abwechselnden Verschlechterungen und Verbesserungen der Erkrankung geprägt ist, sie erleben ein ständiges Auf und Ab wie bei einer Achterbahnfahrt. Das von Augustus verwendete Symbol einer Achterbahnfahrt, bei der es immer nur aufwärtsgeht, ist durch seine Paradoxität ein vorausdeutender Verweis auf die Wiederkehr seiner Erkrankung. Als Augustus in Amsterdam das Symbol erneut verwendet, weiß er von seiner erneuten Erkrankung; Hazel versichert ihm daraufhin, ihn bis zum Ende seines Lebens zu begleiten: „Und es ist mein Privileg und meine Pflicht, mit dir bis ganz nach oben zu fahren" (S. 233).

## Aufgabe 2 *

**Sprachliche und reale Bilder**

**a) Erarbeiten Sie eine Charakterisierung der Figur des Augustus und beziehen Sie sich dabei auch auf seinen letzten Brief an Peter Van Houten (vgl. S. 329–333).**
**b) Welche narratologische Funktion hat Augustus als Romanfigur?**

### Mögliche Lösung in knapper Fassung:

Charakterisierung von Augustus

a) Augustus wird von der Ich-Erzählerin bereits kurz nach dem Erzählbeginn eingeführt: „Er war groß und schlaksig (…). Sein Haar war kastanienbraun, glatt und kurz" (S. 15). Augustus ist 17 Jahre alt, 18 Monate vor Beginn der Romanhandlung wird bei ihm Knochenkrebs diagnostiziert, den er bei seiner Vorstellung in der Selbsthilfegruppe verharmlosend als „leichten Anflug eines Osteosarkoms" (S. 18) beschreibt. Nach der Beinamputation scheint er krebsfrei zu sein.

Augustus neigt zu ironischen und sarkastischen Bemerkungen (vgl. z. B. S. 26, S. 35). Er ist ein schlechter Autofahrer (vgl. S. 29), hat vor seiner Erkrankung Basketball gespielt und besitzt zahlreiche Trophäen und Memorabilien (vgl. S. 37), bis ihm die Absurdität des Sports bewusst wird (vgl. S. 37).

Sein Lieblingsbuch ist die Romanversion des Videospiels *Preis der Morgenröte* (vgl. S. 42), eine große Affinität hat er zu gewalttätigen Computerspielen wie *Modern Warfare*, die er am liebsten mit seinem Freund Isaac spielt.

Ein anderer Wesenszug ist sein Altruismus: Selbst als er von seiner Freundin Caroline schlecht behandelt wird, beendet er die Beziehung nicht, sondern erklärt ihr Verhalten mit dem fortschreitenden Gehirntumor (vgl. S. 187 f.). Hazel Grace schenkt er den eigenen Wunsch bei der Feenstiftung, was es ermöglicht, nach Amsterdam zu Peter Van Houten zu fahren. Hazel Grace hält die Welt nicht für eine „Wunscherfüllmaschine" (S. 121), doch Augustus ist bereit, ihr den sehnlichsten Wunsch tatsächlich durch seine Spende zu erfüllen.

Seiner eigenen Erkrankung steht er völlig illusionslos gegenüber (vgl. S. 232). Dennoch verliert er auch in dieser Situation seinen Humor nicht (vgl. S. 233). Mit fortschreitender Krankheit wird Augustus immer schwächer und leidet ganz offenkundig, auch wenn er versucht, seinen Humor beizubehalten (vgl. S. 262). Augustus denkt viel über den Sinn des Lebens nach, er möchte nach dem Tod nicht vergessen werden, sein Leben oder sein Tod sollen eine Bedeutung haben (vgl. S. 180).

In dem letzten Brief, den Augustus an Peter Van Houten schreibt und den Hazel durch Lidewij Vliegenthart erhält, thematisiert er nochmals die Angst vor dem Vergessen-Werden und den Wunsch, ein Zeichen zu hinterlassen (vgl. S. 330). Dieses Zeichen sieht er nun durch die Liebe Hazels gesetzt: „Aber dann wieder wollte ich mehr Zeit mit ihr, damit wir uns ineinander verlieben konnten. Der Wunsch wurde mir erfüllt, schätze ich. Ich habe meine Narbe hinterlassen" (S. 332 f.).

Im selben Brief setzt sich Augustus auch mit „Heldentum" auseinander und definiert „Achtsamkeit" als wesentliches Merkmal eines Helden. „Achtsamkeit" im Hinblick auf die Bedürfnisse anderer Menschen ist ein Merkmal altruistischen, humanen Handelns; was Augustus in seinem eigenen Leben bereits praktiziert und was er als ethische Grundhaltung bei Hazel tatsächlich als ein Zeichen hinterlässt.

Narratologische Funktion der Figur

b) Als fiktive Figur innerhalb des Romans treibt Augustus die Handlung voran; die Ich-Erzählerin setzt sich intensiv mit der Figur auseinander, die verhandelten Themen und Probleme revidieren und modifizieren ihre eigene Position, wie es in der Bearbeitung der ersten Aufgabe im Hinblick auf die „Achtsamkeit" bereits deutlich wurde. Augustus bietet aufgrund seines Optimismus, seiner Intelligenz und seiner physischen Attraktivität ein attraktives Identifikationsangebot für Leser. Die Figur der Hazel hingegen wirkt doch zuweilen problembeladen und introvertiert, ohne das Korrektiv des Augustus wirkt ihr Sarkasmus desillusionierend und zuweilen bedrückend. Durch die erneute Erkrankung ausgerechnet des Sympathieträgers wird das Leseinteresse in der Mitte des Romans nochmals nachhaltig geweckt.

## Aufgabe 3 ***

**Auseinandersetzung mit der Frage nach dem Lebenssinn**

**„(...) aber ich dachte daran, dass das Universum bemerkt werden wollte und dass ich ihm so viel Aufmerksamkeit schenken musste, wie ich konnte. Ich hatte das Gefühl, ich schuldete dem Universum etwas, und ich konnte es ihm nur durch Achtsamkeit zurückzahlen; und außerdem schuldete ich jedem etwas, der kein Mensch mehr sein durfte, und jedem, der noch kein Mensch war" (S. 313).**

**a) Ordnen Sie das Zitat in den Kontext der Romanhandlung ein.**
**b) Welchen Entwicklungsprozess durchläuft Hazel im Hinblick auf den Umgang mit der Erkrankung und welche Bedeutung hat die Liebesbeziehung zu Augustus für diesen Entwicklungsprozess?**

**Mögliche Lösung in knapper Fassung:**

Einordnung in den Kontext

a) Das Zitat befindet sich in Kap. 24 des Romans: Elf Tage nach dem Tod von Augustus teilt sein Vater Hazel mit, dass er ein Notizbuch seines Sohnes gefunden habe, in dem die ersten Seiten herausgerissen worden sind. Hazel fährt mit Isaac zur Selbsthilfegruppe, weil sie hofft, dass Augustus die Blätter dort versteckt haben könnte. Sie findet sie dort nicht. Im Gespräch mit Patrick gesteht sie, dass sie gerne sterben möchte; allerdings bekennt sie sich auch zu ihrer Verantwortung gegenüber ihren Eltern und Augustus. In dem vorliegenden Zitat formuliert sie dann ihren Wunsch, dem Universum, aber auch den Mitmenschen mehr Achtsamkeit zu schenken (vgl. S. 313). Im nächsten Kapitel wird schließlich der Brief von Augustus bei Peter Van Houten gefunden; darin gesteht der Junge, dass es die Liebe zu Hazel sei, die das Zeichen darstelle, das er nun hinterlässt, auch wenn er gesteht, dass er sich auch gewünscht habe, Hazel würde vor ihm sterben, damit sie durch seinen Tod keinen Schmerz erfahren müsste. Am Ende des Briefes bekennt Augustus, dass er glücklich sei mit seiner Entscheidung, Hazel zu lieben; der Roman endet mit der Bestätigung Hazels, dass auch sie glücklich damit sei.

Hazels Entwicklungsprozess

b) Hazel, die sechzehnjährige Ich-Erzählerin, leidet zu Romanbeginn seit drei Jahren an Schilddrüsenkrebs, Metastasen haben bereits die Lunge befallen, sodass sie auf ständige Versorgung mit Sauerstoff angewiesen ist, den sie auf einem kleinen Wagen hinter sich herzieht und der über zwei Schläuche zu ihrem Naseneingang geleitet wird. Ihr Aussehen ist der Krankheit und ihrer Behandlung geschuldet: „Ich hatte diesen Bubikopf, den man trägt, wenn man vorher eine Glatze hatte (…). Dazu kamen die grotesk aufgeblasenen Hamsterbacken, noch so eine Nebenwirkung der Behandlung.

Ich sah aus wie ein normal gebauter Mensch mit einem Luftballon als Kopf" (S. 15).

So schonungslos subjektiv, wie sie ihr Aussehen beschreibt, so analysiert sie auch ihre eigene gesundheitliche Situation: die absurde Konkurrenzsituation in der Selbsthilfegruppe ist ihr bewusst, in der jeder nicht nur gegen den Krebs, sondern auch im Hinblick auf die Lebenslänge gegen die anderen kämpft, die man unbedingt überleben möchte.

Hazel beginnt ihr Erzählung mit der Bemerkung, dass ihre Mutter sie für depressiv hält und sie deswegen in eine Selbsthilfegruppe schicken will. Die Beschreibung ihres Tagesablaufs (vgl. S. 9) legt nahe, dass die Mutter mit ihrer Ansicht Recht hat. Auch die sarkastischen und desillusionierten Kommentare Hazels belegen, dass sie sich zu Beginn des Romans in einer schwierigen psychischen Situation befindet. Sie hat ihr eigenes Leben völlig der Krebserkrankung und dem erwarteten Tod untergeordnet – auch ihre Lektüre reduziert sich auf ein Buch, in dem es um ein krebskrankes Mädchen geht. Ihr Kommentar: „Eigentlich ist fast alles eine Nebenwirkung des Sterbens" (S. 9) drückt diese Todesverbundenheit nachdrücklich aus. Die Kommentare über andere Krebskranke fallen zum Teil sehr hart aus.

Durch die Liebeserfahrung mit Augustus gewinnt Hazel eine andere Perspektive auf ihre Krankheit: Zu Beginn des Romans versucht sie noch, Leid zu erklären, und sie verfügt dabei über ein Arsenal schlagfertiger Antworten, die deutlich machen, dass sie eine befriedigende Antwort für sich selbst noch nicht gefunden hat (vgl. S. 43). Solche Erklärungsversuche finden sich am Ende nicht mehr; stattdessen akzeptiert sie Leid als vom Schicksal gegebene Tatsache, besinnt sich dann aber auf die Verantwortung als Mensch, wie es in dem obigen Zitat (S. 313) deutlich zum Ausdruck kommt. In diesen Sätzen steckt eine Ahnung davon, was humanes Handeln als ethische Verpflichtung bedeutet.

Zusammenfassung

Kurz gefasst könnte man sagen, dass das Ergebnis des Entwicklungsprozesses für Hazel darin besteht, dass sie lernt, ihre egoistische Perspektive gegen eine altruistische Perspektive zu tauschen. Diese Entwicklung deutet sich bereits beim Besuch des Anne-Frank-Hauses an (vgl. S. 215).

Man kann Hazels Entwicklungsprozess auch noch an einem anderen Punkt nachvollziehen: *Ein herrschaftliches Leiden* spielt bis zur Reise nach Amsterdam eine zentrale Rolle in Hazels Leben, die ständige wiederholte und explizit identifikatorische Lektüre zeigt (vgl. S. 57–59, dass sie sich letztlich immer wieder mit ihrem eigenen Leid befasst. Nach der Amsterdam-Reise wird das Buch kaum noch erwähnt, und auch nach dem Tod ihres Freundes spielt es keine Rolle mehr. Diese Marginalisierung lässt sich damit begründen, dass Hazel eine andere Perspektive gewonnen hat, die ihr eigenes Leid nicht im Mittelpunkt sieht.

### Aufgabe 4***
### Historische und intertextuelle Anspielungen

**a) Welche Funktion hat der Besuch des Anne-Frank-Hauses in Amsterdam für die Romanhandlung?**
**b) Erläutern Sie an einem Beispiel die Funktion der zahlreichen intertextuellen Verweise innerhalb des Romans.**

## Mögliche Lösung in knapper Fassung:

Funktion des Museumsbesuches

a) Anne Frank (1929–1945) lebte mit ihrer Familie zwei Jahre lang in einem Versteck in Amsterdam, bevor sie von der Gestapo entdeckt und in das Konzentrationslager Bergen-Belsen deportiert wurde, wo sie kurz vor der Befreiung durch britische Truppen an Typhus starb. Hazel spürt beim Besuch des Verstecks der Familie Frank eine Verantwortung gegenüber der Toten:

> „Es war albern, aber irgendwie hatte ich das Gefühl, ich *schuldete* es ihr – Anne Frank, meine ich –, weil sie tot war und ich nicht, weil sie immer leise gewesen war und nie die Vorhänge aufgemacht und alles richtig gemacht hatte und trotzdem gestorben war, und deshalb musste ich diese Treppe hinaufgehen und den Rest der kleinen Welt sehen, in der sie gelebt hatte in den Jahren, bevor die Gestapo kam" (S. 213).

Das Schicksal der anderen deportierten und getöteten Juden, an die keine so prominente Erinnerungskultur geknüpft ist wie an Anne Frank, bringt Hazel zu dem Entschluss, gerade für diese Menschen beten zu wollen: „Vier Aaron Franks ohne Museen, ohne Hinterlassenschaft, ohne eine Öffentlichkeit, die um sie trauerte. Im Stillen beschloss ich, der vier Aaron Franks zu gedenken und für sie zu beten, solange ich noch da war. (Andere brauchen vielleicht einen richtigen allmächtigen Gott zum Beten, aber ich konnte es auch ohne.)" (S. 215).

Funktion der intertextuellen Verweise

b) Der Roman arbeitet mit einer Vielzahl von intertextuellen Verweisen, und zwar sowohl auf fiktive als auch auf real existierende literarische Texte. Der fiktive Roman *Ein herrschaftliches Leiden*, dessen Titel auf den Ausdruck „an imperial affliction" in der 3. Strophe des Gedichts *There's a certain Slant of light* (1862) von Emily Dickinson (1830–1886) zurückgeht, ist im Roman omnipräsent; bereits das Motto ist dem fiktiven Roman entnommen; außerdem ähnelt der Titel des Romans dem Titel des tatsächlich existierenden Buches *The Emperor of All Maladies* von Siddhartha Mukherjee, der auf Deutsch *Der König aller Krankheiten* heißt. Peter Van Houten bezeichnet Hazel als ihren „drittbeste(n) Freund" (S. 19). Augustus liest den Roman ebenfalls und er ist häufig Gegenstand ihrer Unterhaltungen. Der Roman ist dafür verantwortlich, dass beide nach Amsterdam fahren, um den Autor nach seiner Fortsetzung zu befragen. Die Ich-Erzählerin fasst zu Beginn des 4. Kapitels den Inhalt von *Ein herrschaftliches Leiden* zusammen (vgl. S. 57 f.); die Inhaltsangabe endet mit einer Ellipse (vgl. S. 58), die die Unabgeschlossenheit des Textes verdeutlicht.

Daneben zitieren die Protagonisten reale Literatur (vgl. dazu Kap. 5.4–5.7 im Materialienteil dieses Bandes), die im jeweiligen situativen Kontext der Romanhandlung eine Bedeutung erlangt: William Carlos Williams' *The Red Wheelbarrow* (*Die rote Schubkarre*) ) beispielsweise wird von Hazel in dem dramatischen Moment zitiert, als sie mit Augustus an der Tankstelle auf den Notarztwagen wartet, von dessen rechtzeitigem Eintreffen das Überleben von Augustus abhängt – so wie in dem zitierten Gedicht alles von einer „Schubkarre" abhängt (vgl. S. 264).

# LITERATUR

## Zitierte Ausgabe:

**Green, John:** *Das Schicksal ist ein mieser Verräter*. Aus dem Englischen von Sophie Zeitz. München: Deutscher Taschenbuch Verlag, 2014.

## Primärliteratur:

**Camus, Albert:** *Der Mythos von Sisyphos* (1942). Reinbek: Rowohlt, 1982.

**Dickinson, Emily:** *Gedichte. Englisch und deutsch*. Hrsg., übersetzt und mit einem Nachwort versehen von Gunhild Kübler. Frankfurt am Main: Fischer, $^{2}$2013.

**Eliot, Thomas Stearns:** *Gesammelte Gedichte. Englisch und deutsch 1909–1962*. Hrsg. von Eva Hesse. Frankfurt am Main: Suhrkamp, $^{7}$2012.

**Frost, Robert:** *Promises to keep. Poems. Gedichte*. Übersetzung und Nachwort von Lars Vollert. München: Beck, 2011.

**Green, John:** *The Fault In Our Stars*. New York: Penguin, 2012.

**Shakespeare, William:** *Julius Cäsar*. In: Shakespeares dramatische Werke. Nach der Schlegel-Tieckschen Übersetzung. Hrsg. von Ludwig Weber. Bd. 2: Lustspiele – Charaktertragödien. Leipzig: Reclam, o. J., S. 165–238.

**Williams, William Carlos:** *Der harte Kern der Schönheit. Ausgewählte Gedichte*. Amerikanisch und deutsch. Aus dem Amerikanischen von Alfred Andersch et al. München: Hanser, 1991.

## Sekundärliteratur:

**Benítez, Eleonor:** *Das Schicksal ist ein mieser Verräter. Ein Kuss im Anne-Frank-Haus*. In: „FAZ online" vom 10 6. 2014: abrufbar unter: http://www.faz.net/aktuell/feuilleton/kino/video-filmkritiken/die-verfilmung-von-john-greens-bestseller-das-schicksal-ist-ein-mieser-verraeter-in-der-video-filmkritik-von-amelie-persson-12982296.html (Stand Oktober 2014).

**Crayola, Robert:** *The Fault In Our Stars. A Reader's Guide to the John Green Novel.* San Bernadino: o. V., 2014.

**Gansel, Carsten:** *Der Adoleszenzroman. Zwischen Moderne und Postmoderne.* In: Günter Lange (Hrsg.): Taschenbuch der Kinder- und Jugendliteratur. Band 1. Baltmannsweiler: Schneider, 2000, S. 359–398.

**Herder, Johann Gottfried:** *Briefe zur Beförderung der Humanität.* Zitiert nach: Schwoerbel, Wolfgang et al. (Hrsg.): Ethik für allgemeinbildende und berufliche Gymnasien. Klasse 11. Neubearbeitung. Köln: Stam, 1997, S. 312–314.

**Jeßing, Benedikt:** *„Symbol“.* In: Metzler Lexikon Literatur. Hrsg. von Dieter Burdorf, Christoph Faßbender, Burkhard Moennighoff. Stuttgart, Weimar: Metzler, $^{3}$2007, S. 744.

**Kolk, Rainer:** *„Adoleszenzliteratur“.* In: Burdorf, Dieter; Fasbender, Christoph; Moennighoff, Burkhard (Hrsg.): Metzler Lexikon Literatur. Stuttgart, Weimar: Metzler, $^{3}$2007, S. 5 f.

**Kreuzer, Tillmann F.:** *König Kind? Literarische Figuren zu Beginn des 21. Jahrhunderts in der realistischen Kinder- und Jugendliteratur.* Würzburg: Königshausen & Neumann, 2009.

**Lovelybooks.de:** *Interview mit John Green.* In „Lovelybooks“, Juli 2012; abrufbar unter: http://www.lovelybooks.de/autor/John-Green/interview/ (Stand Oktober 2014).

**Moldenhauer, Benjamin:** *Das Schicksal ist ein mieser Verräter. Tränentreibende Glücksmomente.* In: „Spiegel Online“ vom 10.6.2014; abrufbar unter: http://www.spiegel.de/kultur/kino/das-schicksal-ist-ein-mieser-verraeter-der-film-nach-john-green-a-974089.html (Stand Oktober 2014).

**Mukherjee, Siddhartha:** *Der König aller Krankheiten. Krebs – eine Biografie*. Köln: DuMont Buchverlag, 2012.

**Staas, Christian**: *John Green. Gottverdammt moralisch.* In: „ZEIT Online" vom 19. 11. 2012; abrufbar unter: http://www.zeit.de/2012/47/Schriftsteller-John-Green (Stand Oktober 2014).

**Trillhaas, Wolfgang:** *„Theodizee"*. In: Die Religion in Geschichte und Gegenwart. Handwörterbuch für Theologie und Religionswissenschaft. 6. Bd. Tübingen: Mohr, $^{3}$1986, S. 739–747.

**Wilpert, Gero von:** *Sachwörterbuch der Literatur.* Stuttgart: Kröner, $^{7}$1989.

## Verfilmung:

*Das Schicksal ist ein mieser Verräter (The Fault in Our Stars)*. USA 2014. Regie: Josh Boone. Mit Shailene Woodley und Ansel Elgort.

## John Green im Internet (Stand Okt. 2014):

http://johngreenbooks.com
→ Website von John Green

www.youtube.com/vlogbrothers
→ Videoblog der Brüder John und Hank Green

http://nerdfighters.ning.com/
→ John Green und die Nerdfighters

https://www.facebook.com/JohnGreenFreunde
→ Offizielle deutsche Facebook-Fanseite von John Green

# STICHWORTVERZEICHNIS